LE ROMAN PSYCHOLOGIQUE

DE

VIRGINIA WOOLF

ESSAIS D'ART ET DE PHILOSOPHIE

LE ROMAN PSYCHOLOGIQUE DE VIRGINIA WOOLF

par

FLORIS DELATTRE

Professeur à l'Université de Lille

Seconde édition conforme à la première

LIBRAIRIE PHILOSOPHIQUE J. VRIN
*6, place de la Sorbonne, V*e
1967

A la mémoire
de ma Mère

NOTE DE L'ÉDITEUR

Ce volume est la reproduction exacte de l'ouvrage publié en 1932 par Floris DELATTRE : *Le roman psychologique de Virginia Woolf*. Il ne pouvait être question d'en modifier le texte. Son auteur était un artiste dont l'œuvre ne saurait être retouchée sans perdre son unité de ton et de style. Un problème se posait pourtant au sujet de la bibliographie. On ne pouvait raisonnablement en ajouter une deuxième : celle de Floris Delattre est la bibliographie de son livre ; non celle du livre qu'il eût écrit s'il avait disposé pour l'écrire des publications ultérieures d'œuvres de Virginia Woolf et de tant d'études récentes sur ses écrits. Ceux qui désireraient combler cette lacune disposeront, pour le faire, de deux ouvrages qui font autorité sur le sujet : B.J. KIRKPATRICK, *A Bibliography of Virginia Woolf*, The Soho Bibliographies, Rupert Hart-Davies, London, W.L., 1957. — Jean GUIGUET, *Virginia Woolf et son Œuvre. L'art et la Quête du réel*, Etudes anglaises, 13, Paris, Didier, 1962 : Bibliographie, pp. 455-470.

INTRODUCTION

VIRGINIA WOOLF, une des femmes écrivains les plus marquantes de l'Angleterre d'aujourd'hui, est aussi l'une de celles dont l'œuvre manifeste la rébellion la plus résolue contre la littérature qui l'a précédée. Cette œuvre comprend, à l'heure qu'il est, onze volumes, dont sept romans : The Voyage Out *(1915),* Night and Day *(1919),* Jacob's Room *(1922),* Mrs. Dalloway *(1925),* To the Lighthouse *(1927),* Orlando *(1928) et* The Waves *(1931) ; un recueil de nouvelles :* Monday or Tuesday *(1921) ; et trois études critiques :* Mr. Bennett and Mrs. Brown *(1924),* The Common Reader *(1925) et* A Room of One's Own *(1929). Cette œuvre, déjà abondante, est en outre typiquement féminine. Elle est enveloppée d'une atmosphère subtile. Elle foisonne en sensations fraîches et rares à la fois. Elle nous dévoile une imagination dont les prompts élans intuitifs s'associent toujours à des perceptions d'un raffinement extrême. Elle est imprégnée d'une sincérité profonde et comme caressée, en même temps, d'une grâce exquise. L'œuvre de Virginia Woolf enfin révèle une intelligence solide, très cultivée, très maîtresse de soi ; une volonté de porter sur les hommes et sur les choses un jugement neuf ; un besoin d'indépendance critique, d'abattre les barrières des habitudes reçues, de s'évader de la routine des orthodoxies ; un désir, bien plus, dont le bouillonnement perce parfois, de ne point abdiquer devant le passé, de le regarder en face, de renoncer à ce qu'il contient de révolu, d'inadaptable désormais. « Nous sommes nettement séparés de nos prédécesseurs », écrit Virginia Woolf dans* The Common Reader. *« Chaque jour nous nous découvrons en train de faire, de dire ou de penser des choses qui eussent été impossibles à nos pères. Nous sentons les différences qui n'ont pas été exprimées beaucoup plus vivement que les ressemblances qui ont été définies à la perfection. Les livres nouveaux nous attirent en partie par l'espérance que nous y trouverons reflété l'arrangement nouveau de nos attitudes. » Et plus loin : « Aucune époque n'a été plus riche que la nôtre en écrivains qui sont résolus à exprimer les différences qui les séparent du passé, et non pas les ressemblances qui nous y rattachent. »*

C'est ce double aspect : grâce féminine et indépendance intellectuelle ; c'est le ferme propos qui s'y manifeste de jouir finement des douceurs et des beautés de la vie, acceptées sans détour, et de secouer, parfois avec quelque rudesse, les idées admises et les contraintes conventionnelles ; c'est cette combinaison de discipline ancienne, toujours si délicatement nuancée, et de rébellion moderne, aux mouvements si hardis ; c'est le jeu alterné de la diversité et de l'unité, le conflit même de l'obscur et du clair qui constituent l'originalité de la personnalité littéraire de Virginia Woolf. Son œuvre, qui garde tantôt la fluidité insaisissable de quelque rêve féerique, et tantôt montre la précision d'un effort intellectuel tenace, dans laquelle il entre tant de raffinement presque mystérieux, et tant de lucide gravité, reflète, comme en un miroir d'autrefois dont le tain serait un peu pâli, les frissons sincères d'une âme contemporaine, perpétuellement aux aguets. A sa fantaisie si souple, si désinvolte dans sa tendresse même, à ces brouillards lumineux des allègres matins de juin dont elle baigne chacun de ses livres, Virginia Woolf ajoute parfois une sorte de volonté austère, comme la résolution de faire œuvre originale, de créer des valeurs nouvelles, en remplacement des hiérarchies périmées, de traduire ainsi à sa façon, dans sa complexité humaine et avec ses tendances spécialement anglaises, l'esprit féminin d'aujourd'hui.

CHAPITRE PREMIER

LE ROMAN FÉMININ EN ANGLETERRE

L'UN des traits significatifs de la civilisation anglaise au XIXe siècle est la lente, difficile, mais régulière montée de l'influence féminine, le rôle de plus en plus large qui est reconnu à la femme dans l'activité sociale. Pour le poète Pope, spirituel mais cynique, la femme est encore un être fantasque, partagé entre l'amour de plaire et le désir de dominer, un bas-bleu insupportable souvent, dont la contradiction est la loi, et qui n'est, au fond, qu'une rouée [1]. Mais, alors que les grandes dames elles-mêmes du XVIIIe siècle anglais ne songent pas à protester contre l'asservissement réel, malgré la politesse qui l'accompagne, auquel elles demeurent condamnées, le siècle suivant, au contraire, verra apparaître une longue série de luttes courageuses, tant publiques qu'individuelles, qui libéreront la femme des entraves que continuait de lui imposer la société, qui la rendront indépendante, responsable de sa conduite personnelle, et ainsi, au regard de la

1 *Men, some to Bus'ness, some to Pleasure take ;*
But every Woman is at heart a Rake.
Moral Essays, Epistle II, *On the Characters of Women*, 1735.

loi, de tous points l'égale de l'homme. Cet affranchissement total que va conquérir la moitié de la population de la Grande-Bretagne allait exercer, sur l'évolution des mœurs, une action autrement décisive que l'élargissement du droit électoral, l'une des innovations les plus retentissantes cependant du règne de Victoria. Nous voudrions, en embrassant d'un rapide coup d'œil la littérature féminine, et plus spécialement le roman féminin en Angleterre, essayer de dégager l'esprit de rébellion, les désirs, timides d'abord, mais de plus en plus impatients, d'initiative et d'action individuelles qui s'y reflètent.

I

La littérature féminine sous Victoria *1837-1890*

Tout le dix-neuvième siècle anglais en effet est traversé de la voix des femmes. L'Angleterre victorienne, au lendemain de la Révolution industrielle, a beau se vanter de l'accroissement de sa population, qui fournit à ses usines neuves une main-d'œuvre à bon marché, et qui permet à ses capitaines d'industrie d'improviser des fortunes matérielles immenses, en faisant de l'île agricole et marchande le plus vaste atelier du monde. Elle peut se glorifier des découvertes de ses savants, de ses biologistes en particulier, qui renouvellent toutes les questions relatives aux origines et à la destinée de l'homme. Fière de l'habitude qu'elle a prise de l'effort opiniâtre, de son bon sens prudent et énergique, sinon de son zèle puritain, moral et religieux à la fois, et qui ne sépare jamais la beauté d'un acte à accomplir du profit qu'on en peut retirer, elle peut entretenir un robuste contentement de soi-même, une confiance en la grandeur, unique au monde, de l'Angleterre. Elle peut encore s'imaginer qu'elle vient de réaliser un compromis efficace, qu'elle maintiendra intact, tant en ce qui concerne la morale du foyer domestique et l'ordre constitutionnel à l'intérieur du pays, que l'équilibre entre les nations européennes. Elle peut se persuader qu'elle a atteint ainsi une des étapes les plus heureuses de sa vie nationale, un de ces moments où l'on est en droit de s'arrêter pour reprendre haleine : des protestations surgissent de toutes parts, qui dénoncent le mensonge des apparences, qui attaquent le dogme selon lequel le progrès consiste à produire de plus en plus, et le bonheur à s'enrichir chaque jour davantage, qui proclament, devant toutes les misères que traînent après elles l'impitoyable concurrence et la poursuite féroce du profit égoïste, le devoir de la charité humaine. Quelques-uns des plus grands écrivains du temps : Carlyle et Dickens, Kingsley et Ruskin, par exemple, se font les apôtres véritables de ce qu'on commence d'appeler « la conscience sociale ».

La voix des femmes se distingue bientôt dans ce tumulte qui vient bousculer la sérénité confortable à laquelle l'Angleterre victorienne se serait volontiers abandonnée. Son instinct, son éducation, son ignorance, sa faiblesse tout ensemble la rendant plus timide encore devant l'action que les hommes, la femme anglaise du milieu du XIXe siècle n'en ressent que plus d'amertume devant l'oppression sociale, les souffrances de la communauté, qu'on vient d'asservir aux besoins de la machine, s'aggravant chez elle du ressentiment, qui s'accroît, contre les maîtres de la génération. L'industrialisme qui gagne toute la Grande-Bretagne force les femmes elles-mêmes à travailler désormais, mais il leur apporte en même temps un commencement d'indépendance pécuniaire. Les hommes obtenant, par la lutte politique, une part plus grande de liberté, les femmes refusent, de leur côté, de rester plus longtemps assujetties. Elles commencent de s'indigner contre leur éducation insuffisante, contre l'infériorité légale de leur sexe, contre l'incapacité juridique, notamment, dans laquelle elles sont maintenues. Elles réclament des lois nouvelles qui leur accorderont le droit de posséder, d'être admises aux emplois considérés jusqu'alors comme exclusivement masculins, et à la franchise parlementaire elle-même. A ces ardents efforts engagés en commun et, pour ainsi dire, sur la place publique, elles ajoutent la lutte individuelle poursuivie dans le cercle de la famille. Elles se dressent contre les préjugés malveillants, elles ripostent aux railleries dont continuent de les humilier les gens vieillis dans les anciennes formes, et qui sont incapables, ou qui refusent, de s'ouvrir à l'esprit nouveau. Elles laissent éclater la colère de leur cœur devant la discipline de respectabilité morale qu'on prétend leur imposer toujours : l'honnêteté rapporte (*it pays to be good*), et, si vous faites le mal, point n'est besoin de le laisser paraître, une femme surtout étant particulièrement tenue de se plier, dans un silence presque religieux, à la rigueur du dogme social. Tandis que Lord Tennyson voit dans l'ère victorienne l'apothéose de la prospérité honnêtement acquise et des vertus traditionnelles tout ensemble, qu'il glorifiera la Reine, au jour de son jubilé, d'avoir assuré à ses sujets loyaux :

Cinquante années de Commerce toujours plus ample,
Cinquante années de Science toujours plus lumineuse,
Cinquante années d'Empire toujours plus étendu [1],

la jeune poétesse Elizabeth Barrett proclame, dès 1844, l'indignation de tout son être, et lance à l'Angleterre, dans la pièce intitulée : *La plainte des enfants*, un appel angoissé, d'un idéalisme si généreux dans son impulsivité même. Presque farouchement, elle y dénonce la barbarie d'une civilisation capable d'arracher des larmes aux enfants, et d'écraser leurs jeunes cœurs :

Sur le sein même de leurs mères,
Au pays de la liberté [2].

Mais c'est dans le roman surtout que devait se manifester la révolte de la femme victorienne. Le roman en effet est le genre littéraire le plus approprié au génie féminin, celui qui, avec sa souplesse illimitée, permet à la femme d'exprimer, sous le couvert d'une intrigue même banale, le jaillissement ininterrompu de ses pensées et de ses senti-

[1] *On the Jubilee of Queen Victoria*, dans le recueil intitulé *Demeter and other Poems*, 1889. (The Works of Lord Tennyson, Macmillan, 1901, p. 843.)
[2] *The Cry of the Children*, dans *Poems*, 1844. (The Poetical Works of Elizabeth Barrett Browning, Smith, Elder and Co., 1900, p. 247.)

ments, de confesser, sous le prétexte d'exposer le contact, les affinités ou le contraste, de deux ou plusieurs caractères, ses émotions les plus secrètes. Le thème essentiel de chaque roman féminin, d'autre part, étant l'amour, c'est-à-dire la manifestation où transparaît le mieux une personnalité, les romancières victoriennes, dans l'analyse émue qu'elles nous en apportent, nous découvrent en même temps la réalité la plus sincère de leur être, leurs frémissements profonds notamment, devant la dureté des cœurs et la rudesse des mœurs qui les environnent. Leurs personnages ne se libérant presque jamais de l'auteur lui-même, elles exposent également dans leurs livres leurs efforts, si incertains et tâtonnants encore, pour atteindre à la vie indépendante. C'est par la voie du roman que la femme anglaise du XIXe siècle entreprend ainsi d'atteindre la masse de l'opinion. C'est la fiction romanesque qui allait fournir à ses revendications grandissantes la plus large audience, et la plus sympathique.

Le roman féminin sous Victoria tendra volontiers à l'autobiographie, et il sera fait, avant tout, des aveux et des aspirations à la fois de ses auteurs. Or, c'est là un fait littéraire nouveau. Jane Austen, par exemple, qui écrit vers 1800, et qui est, bien plus que Fanny Burney et que Miss Edgeworth, l'initiatrice véritable du roman féminin en Angleterre, traduit encore presque uniquement la soumission de la femme à l'homme, soumission « exempte ici de toute haine, de toute amertume, de toute crainte, de toute protestation, de tout sermon [1] ». L'œuvre de Jane

[1] Virginia WOOLF, *A room of one's own*, p. 101.

Austen nous révèle une jeune bourgeoise naïve et avisée ensemble, au cœur délicat et au bon sens robuste. Cette œuvre consiste en simples tableaux de la vie de province, mais tracés d'une plume exquisement ferme, comme candidement joyeuse. Les dénouements, au son des cloches nuptiales, y sont toujours heureux, et il ne se mêle, à la comédie domestique qui nous y est présentée, si vive mais si courtoise, d'une touche si vigoureuse dans sa tolérance où la passion n'a point de part, rien de combatif d'aucune sorte. Jane Austen qui meurt en 1817, à quarante-deux ans, tranquille et inconnue, se range inconsciemment à l'avis péremptoire de ses contemporains touchant le rôle qui revient à la femme dans les relations sociales, voire au jugement tranchant de notre Stendhal lui-même : « C'est tout simple, la pudeur des femmes, en Angleterre, c'est l'orgueil de leurs maris [1]. » Elle écrit dans *Mansfield Park* (1814) que « l'indépendance d'esprit, chez les jeunes femmes, est offensante et dégoûtante au delà de toute offense ordinaire ». Si sa vie, un peu étroite, a pu lui paraître parfois pénible, il était de sa nature, comme l'observe quelque part Virginia Woolf, « de ne point désirer ce qu'elle n'avait pas [2] ».

Le roman féminin du règne de Victoria proprement dit se révèle très différent. Mrs. Gaskell, qui par certains côtés est si proche encore de Jane Austen, construit son œuvre, elle aussi, sur une observation lucide, toute teintée

[1] *De l'Amour*, 1821. Cité par F. C. ROE, *French Travellers in Britain*, 1928, p. 65.
[2] *Op. cit.*, p. 102.

de tendresse simple et de malice alerte, le tableau de la petite ville anglaise qu'elle trace dans *Cranford* (1853) en demeurant un exemple si gracieux. Mais dans son roman anonyme de *Mary Barton*, qui avait paru en 1848, trois ans après le *Sybil or the Two Nations* de Disraeli, cette impitoyable peinture de l'injustice sociale, Mrs. Gaskell s'était élevée à son tour contre les apparences trompeuses du compromis victorien. Elle y dénonce les méfaits de l'orgueil de classe qu'a engendré l'industrialisme triomphant, la laideur et la cruauté de la machine qui écrase, désormais, les travailleurs. Elle montre la menace que constitue, pour la vie chrétienne et morale de l'Angleterre, le trouble qui règne dans l'immense usine qu'est Manchester, et qui, tel un nuage sombre, risque d'éteindre bientôt la paix ensoleillée des « petites choses pathétiques ou plaisantes de chaque jour ». Son cœur, tout de bonté aimante, se haussant ici jusqu'à la bravoure, elle se fait l'accusatrice de l'égoïsme économique avec une audace où la bourgeoisie industrielle ne voulut voir qu'une calomnie subversive [1].

Ce n'est plus la protestation sociale, mais la révolte de l'individualité féminine la plus accusée qui constitue le thème central du roman des sœurs Brontë. En pleine sérénité victorienne, c'est comme un cri de rage qui s'élève du respectable presbytère de Haworth, et qui, se propageant par delà les moors venteux du Yorkshire, retentit à

[1] Consulter, sur le roman de Mrs. Gaskell, le chapitre vigoureux que lui a consacré L. CAZAMIAN dans son *Roman Social en Angleterre, 1830-1850*, 1904, pp. 380-435.

travers l'Angleterre avec des grondements de scandale. Charlotte, et Emily surtout, s'élèvent, de toute la force de leur célibat tourmenté, contre les contraintes mesquines, contre la rigide stagnation imposées aux femmes dont le rôle se borne « à fabriquer des puddings, tricoter des bas, jouer du piano, ou faire de la tapisserie [1] », contre le « spiritualisme pur, la mélancolie rêveuse, la poésie suave » en outre qu'on persiste à leur prêter, et « qu'on ne s'attend pas à voir », observe encore un voyageur français, « sur la terre des ateliers grinçants et des forges embrasées [2] ». Les deux sœurs révèlent la puissance étrange de l'instinct amoureux, l'élan, même la brutalité du désir sexuel qui détraque les consciences, qui impose aux esprits la croyance cruelle en une fatalité adverse. A la réticente pruderie qui est à la base de la sagesse de leur génération, Jane Eyre, dans le roman qui porte son nom (1847), Catherine Earnshaw, dans *Wuthering Heights* qui parut la même année, opposent la confession tragique de la passion individuelle. L'œuvre entière des sœurs Brontë n'est que la rébellion stridente de deux femmes solitaires qui luttent contre leur destin, qui mettent toute leur énergie à s'évader du réseau de conventions qui les étouffe, l'une par la révolte, si douloureuse en sa naïveté, l'autre par le songe visionnaire, d'une impudeur presque brûlante. De sorte qu'une «vertueuse anonyme », écrivant dans la *Quarterly Review* en 1848, ne voulut voir dans ces œuvres

1 Virginia WOOLF, *op. cit.*, p. 104.
2 Victor HENNEQUIN, dans son *Voyage philosophique*, 1834. Cité par F. C. ROE, *op. cit.*, p. 66.

que des compositions antichrétiennes. « C'est un long murmure contre le bien-être des riches, et les privations des pauvres, c'est-à-dire un murmure contre la volonté divine ; c'est une orgueilleuse et perpétuelle affirmation des droits de l'homme, que n'autorisent nullement ni la parole de Dieu, ni les dispensations de sa providence [1]. »

Avec George Eliot, la rébellion féminine se présente sous un aspect nouveau. Ce ne sont plus les prérogatives de la passion que défend la romancière d'*Adam Bede* (1859) et du *Mill on the Floss* (1860), mais de la raison, non plus les droits du sentiment mais de la connaissance. Si elle s'insurge à son tour contre le rôle médiocre qui continue d'être réservé à la femme, c'est qu'elle estime celle-ci aussi capable que l'homme de l'effort intellectuel, aussi douée que lui d'énergie morale. Ces revendications n'ont point laissé, sans doute, d'exercer sur son œuvre romanesque une influence parfois fâcheuse. Du réalisme savoureux de sa première manière, où il entrait tant de poésie et d'humour, de charme paisible et de tendresse joyeuse si harmonieusement humains, George Eliot, les souvenirs de son enfance rurale étant épuisés, est passée à un intellectualisme un peu guindé, parfois pédant même dans son étalage de connaissances récemment acquises. Elle s'est posée en femme savante, en disciple froidement sentencieuse de Spencer, de J. S. Mill et d'Auguste Comte. Mais, hâtons-nous de le reconnaître, son caractère est toujours demeuré empreint

[1] Cité par E. DIMNET, *Les Sœurs Brontë*, 1910, p. 166, l'étude capitale, dans sa concision même, sur les Brontë, et qui n'a rien perdu aujourd'hui de sa robuste fraîcheur.

d'une noblesse réelle. Elle a eu le courage, en pleine société victorienne, de s'écarter des conventions, de joindre sa vie à celle d'un homme marié qu'avait quitté une femme indigne, d'accepter l'ostracisme auquel chacun, y compris sa famille et ses amis, la condamna aussitôt, parce qu'elle avait choisi de n'accueillir d'autre approbation que celle de sa conscience. Cette rébellion active, George Eliot la manifeste également à l'endroit de la foi chrétienne, qu'elle rejette parce qu'elle veut demander aux seules lois naturelles, celles de la raison et du cœur, et non plus à celles de la tradition et du dogme, les sanctions de la plus haute moralité. Dans le portrait de Maggie Tulliver, qui est peut-être sa création maîtresse, dans la jeune échevelée tout en caprices hardis et en impulsions douloureuses, la grande romancière, qui semble s'y être dépeinte elle-même au temps de sa jeunesse, nous montre une créature rebelle qui, lorsqu'elle décide, par exemple, de s'enfuir avec Stephen Guest, le fiancé de son amie Lucy, le fait moins par amour pour le jeune homme, et poussée par l'ardeur de sa propre passion, que pour s'évader du cercle d'oncles et de tantes où elle est prisonnière, que pour traduire surtout, de quelque façon, son besoin véhément d'indiscipline, peut-être d'héroïsme. Et même plus tard, lorsque, l'âge venant, George Eliot s'attachera de plus en plus étroitement à la vérité que lui aura démontrée sa raison, elle continuera d'associer, à son culte toujours un peu abstrait de la justice, un respect attendri, et celui-ci tout féminin, pour l'effort individuel, pour le courage qui va jusqu'à payer la joie des autres du sacrifice de soi-même, la volonté du renoncement lui paraissant le plus haut point où peut atteindre une âme humaine. Si, comme on l'a signalé, elle n'a point laissé d'éprouver quelque hésitation d'abord à l'endroit des revendications féministes, si elle a même pu écrire, en 1853, que « les femmes, pour le moment, ne méritent guère mieux que ce qu'elles obtiennent de l'homme [1] », c'est parce que celles-ci lui semblaient inférieures à la haute tâche qu'elle voulait leur assigner. Nul n'a plus fièrement défini en effet que la créatrice de Milly Barton et de Dinah Morris, de Dorothea Brooke et de Mary Garth, la beauté du rôle de la femme moderne, son droit à un libre développement, mais son devoir aussi de fortifier, avec la solidité de son esprit, et loin de toute fièvre passionnelle, les lucides intuitions de son cœur.

Les grandes romancières victoriennes apparaissent ainsi, au premier chef, des pionnières de l'esprit féminin. Elles ne sont plus transportées sans doute de la véhémence enthousiaste d'une Mary Wollstonecraft, la « hyène en jupons [2] » qui, un demi-siècle auparavant, en plein tourbillon révolutionnaire, avait affirmé pour la première fois la doctrine et les prétentions du féminisme, le principal argument de son livre célèbre : *A Vindication of the Rights of Woman*, publié en 1792, et dédié à un Français, Talleyrand-Périgord, étant le suivant : « Si la femme n'est

[1] J. W. CROSS, *Life of George Eliot*, 1885, vol. I, 5. Letter to Mrs. P. Taylor, Feb. 1st, 1853. Cité par Madeleine L. CAZAMIAN, *Le roman et les idées en Angleterre*, 1923, p. 149.

[2] « L'historien Algers, dans son livre : *Englishmen in the French Revolution*, écrit que Walpole appelle Mary « une hyène en jupons », parce qu'elle a attaqué Marie-Antoinette après sa mort. » R. GOURG, *William Godwin*, 1908, p. 31.

pas préparée par l'éducation à devenir la compagne de l'homme, elle arrêtera les progrès du savoir... Or comment espérer la coopération de la femme, si elle ne sait pourquoi elle doit être vertueuse ?[1] » Elles n'imitent point davantage le dévouement total d'une Mary Shelley, la fille de Mary Wollstonecraft elle-même et de Godwin, celle-ci choisissant de vivre dans l'ombre du grand poète visionnaire, et de n'écouter, avec une si fière modestie, que les certitudes de sa conscience individuelle. Qu'il s'agisse d'une Harriet Martineau, solitaire et raisonneuse, élevée à l'école virile du rationalisme utilitaire, positiviste et athée impérieusement, mais d'une charité agissante en même temps, et d'un opiniâtre courage dans le devoir qu'elle ne cessa, au cours de sa longue existence, de s'imposer à elle-même : servir l'humanité[2]. Qu'il s'agisse d'une Florence Nightingale, « inhumaine et admirable », qui, avec sa volonté de fer et son esprit de dévouement, part pour la campagne de Crimée et organise, presque seule, les services hospitaliers de Scutari. Qu'il s'agisse encore de Mrs. H. H. Taylor, publiant en 1851, dans la *Westminster Review,* un article : « Sur l'Affranchissement des Femmes », et qui devait épouser, la même année, John Stuart Mill, à qui elle allait faire partager sa foi féministe ; de Mrs. Norton, la femme d'esprit et d'énergie engageant une action législative pour obtenir la garde de ses enfants que lui refuse son mari, et dont Meredith allait faire l'impulsive héroïne de sa

[1] Cité par R. GOURG, *op. cit.*, p. 27.
[2] Consulter, sur Harriet Martineau, L. CAZAMIAN, *op. cit.*, pp. 93-110.

Diana of the Crossways [1]; de Mrs. Josephine Butler, qui mène contre la prostitution autorisée une lutte sans merci [2], ou de Mrs. Fawcett, une des premières avocates passionnées du vote féminin : les femmes du règne de Victoria apparaissent, avant tout, des combattantes tenaces, et qui se consacrent inlassablement à la cause pour laquelle elles ont décidé de lutter. Foncièrement honnêtes, très maîtresses d'elles-mêmes, avec leur besoin d'organiser chaque chose selon un plan raisonnable, avec la précision toute prosaïque de leur sagesse même, elles témoignent en outre d'un sens très grave de leurs responsabilités, d'une ardeur de propagandistes austèrement dévouées à leur « Mission ». Résolues à braver l'opinion, et même à affronter le ridicule pour répandre leurs idées, elles ne laissent pas d'être empêchées grandement par la droiture de leurs âmes, par l'habitude aussi qu'elles ont de rester enfermées en elles-mêmes. Elles se cherchent avec un certain trouble, dirait-on, indécises ici, presque inquiètes parfois devant leur personnalité intellectuelle qui se lève. D'autant que la Reine, si représentative du sentiment national, toute férue de ses prérogatives de souveraine, s'obstine à manifester un antiféminisme intransigeant.

Aussi les romancières victoriennes, qui continuent de publier leurs œuvres soit anonymement, soit sous des noms d'emprunt : Currer et Ellis Bell, ou George Eliot, et qui ne forment, bien entendu, qu'une minorité de peu d'in-

[1] Voir René GALLAND, *Diana of the Crossways, Revue Anglo-Américaine*, avril 1931.

[2] Voir M. DELAMARE, *Joséphine Butler et la crise des mœurs en Angleterre au XIXe siècle, Ibid.*, avril et juin 1927.

fluence, tendent-elles moins encore à se définir précisément, leurs sentiments, plus intenses que nuancés, s'extériorisant avec une certaine lourdeur, qu'à s'émanciper, d'abord, de l'homme. Leurs efforts littéraires consistent surtout à protester contre le conformisme étroit de l'époque, à montrer le défaut d'ajustement entre l'individu et le milieu dans lequel il est appelé à vivre. Leur œuvre, dont l'art n'est jamais désintéressé, traduit l'indignation grandissante de la conscience féminine contre cette « sauvagerie naïve de biche effarouchée [1] », contre le compromis hypocrite auquel voudrait les contraindre encore la bourgeoisie victorienne. Que le Poète Lauréat, le porte-parole de l'esprit du temps, s'attarde à représenter, dans ses *Idylls of the King* (1859-85) la pure et délicate Elaine et la déloyale Guinevere comme les types féminins du bien et du mal, et qu'il fasse de l'œuvre entière le récit d'un combat entre l'Ame et les Sens : elles n'y prennent plus qu'un intérêt assez médiocre. Si elles continuent, il est vrai, d'entourer l'amour conjugal d'un respect à la fois attendri et grave, si le mot *home* leur paraît toujours le mot le plus noble du langage, et le *home, sweet home* le synonyme de la plus haute pureté, si Coventry Patmore, qui a exalté *The Angel in the House* (1854-62) avec une tranquille ferveur, exprime pleinement l'idéal victorien de la vie mariée, l'avis que donnait naguère à « la charmante jeune fille » (*sweet maid*) Charles Kingsley :

Sois sage et laisse à d'autres l'intelligence [2],

[1] TAINE, *Notes sur l'Angleterre*, 1872. Cité par F. C. ROE, *op. cit.*, p. 71.
[2] Cité par E. WINGFIELD-STRATFORD, *The Victorian Tragedy*, 1930, p. 168.

leur paraît bien naïf aujourd'hui, sinon niais. La femme victorienne a décidé de franchir le fossé derrière lequel Mrs. Grundy, au nom de la respectabilité et de la décence, prétendait l'isoler encore. Le temps est venu où elle estime avoir acquis le droit à une vie intérieure aussi profonde, à des initiatives même plus hardies encore que celles des hommes.

II

La rébellion féminine s'accentue
1890-1914

Aussi les femmes prendront-elles une part importante au mouvement qui marque, dans la dernière décade du XIXe siècle, le mécontentement commençant de l'opinion anglaise contre l'état de choses établi. Dès les abords de 1890 en effet, — l'année du Jubilé, 1887, ayant marqué l'apogée du règne, et Browning étant mort en 1889, Newman en 1890, Lord Tennyson lui-même devant disparaître en 1892 — un besoin de renouvellement, une poussée d'indépendance se manifestent tant dans le sentiment public que dans la littérature et l'art de nos voisins. On se prend, de maints côtés, à s'interroger sur cette sorte d'orthodoxie sociale, atteinte à force de répressions volontaires, sur le dogme de la correction réticente auquel on en était venu à donner la valeur d'une vérité première (*ultimate truth*). On se dresse, non sans quelque fièvre désormais, contre la *sancta simplicitas*, qui a si longtemps prévalu, contre le respect bourgeois de « ce qui est convenable » (*what is nice and proper*), contre la discipline morale, hier observée presque généralement, et qu'on juge aujourd'hui désuète. Le Prince de Galles a beau se tenir encore à l'écart des affaires. Ce prince raffiné, aux apparences frivoles, et dont on disait, non sans hocher un peu la tête, qu'il était « un bien mauvais sujet », n'allait remplacer sur le trône britannique la digne reine Victoria qu'en 1901 : il n'en semble pas moins que se fasse pressentir déjà, quelque dix ans auparavant, son influence libératrice.

Les protestations individuelles, nous l'avons vu, n'avaient point manqué jusqu'ici. Elles se font désormais plus irrespectueuses, plus massives, plus bruyantes, comme si la rectitude tenace à laquelle elles se heurtent les forçait à rendre leur sincérité agressive. L'ébranlement qu'avaient provoqué un Dante Gabriel Rossetti, avec l'angoisse sensuelle et mystique qui est l'âme de son œuvre, et un Swinburne, avec la luxure et l'athéisme frénétiques qui sont les ressorts de la sienne, est continué par un Oscar Wilde et un Aubrey Beardsley, dont les thèmes morbides ou pervers, et la subtile technique se réclament uniquement de la théorie « décadente » de l'art pour l'art, théorie qui n'est pas loin d'être considérée alors en Angleterre comme un blasphème. En prose, d'autre part, Samuel Butler entreprend, de propos délibéré, la désagrégation des « préjugés » traditionnels. Son roman, *The Way of All Flesh,* qui ne fut publié qu'en 1903, après sa mort, mais qu'il avait commencé dès 1872, n'est qu'une attaque contre toutes les idées victoriennes touchant la religion, la morale, l'éducation, la vie de famille, dont il ne décrit, d'une verve cruelle, que les ridicules et la laideur.

Or, malgré ses accents de lassitude désenchantée et de pessimisme inquiétant, la révolte esthétique n'est, à vraiment parler, qu'un des aspects du désir de rajeunissement, de rafraîchissement plutôt, qui parcourt l'Angleterre tout entière du XIXe siècle à son déclin. Au lieu de se ranger encore, par une sorte d'acceptation énergique, à la voix des autorités reconnues, on se met à cultiver en soi une curiosité active, faite de tourment et d'audace ensemble. On refuse de juger plus longtemps la conduite individuelle d'après le code des bienséances archaïques, et la littérature comme si elle ne devait constituer qu'une exhortation aux vertus morales. Si artistes et romanciers se lancent, à corps perdu, dans les controverses esthétiques ou dans l'immoralisme social, c'est qu'ils visent surtout à définir leur désaccord radical avec la tradition victorienne, à affirmer, presque farouchement, leur personnalité indépendante. La « façon de voir » française venant appuyer encore le besoin, strictement national et insulaire, de libération, venant le renforcer en le précisant, l'intellectualisme critique fait la loi désormais. De l'immense édifice victorien dont la simplicité même s'alliait à tant de grandeur, on ne veut plus voir que la base fragile, d'ordre surtout moral et sentimental, sur laquelle il repose.

Dans cette sorte d'insurrection collective des « années quatre-vingt-dix » (*The Nineties*) en Angleterre [1], la ro-

[1] Consulter, sur l'ensemble de cette période, le vivant ouvrage d'Albert FARMER, *Le mouvement esthétique et « décadent » en Angleterre* (1873-1900), 1931.

mancière Mrs. Humphry Ward joue un rôle de premier plan. Petite-fille du Dr. Arnold de Rugby, nièce du grand critique Matthew Arnold, et femme d'un universitaire oxonien, elle demeure encore victorienne par nombre de côtés, par sa tournure d'esprit puritaine et académique, par l'importance qu'elle continue d'accorder aussi bien aux convenances sociales « salutaires » qu'aux règles les plus strictes du devoir moral. Mais, en même temps, c'est à la discussion des problèmes intellectuels qu'elle réserve la plus grande partie de son œuvre. Dans *Robert Elsmere* (1888), un des romans les plus répandus de l'époque, et auquel s'intéressèrent également Gladstone et Huxley, elle nous montre un jeune vicaire anglican qui, ayant perdu la foi aux miracles, entreprend de reviser sa croyance, que sa femme, orthodoxe rigoureuse, abandonne, et qui vient alors prêcher aux pauvres de Londres, d'un cœur dévasté, un néo-christianisme uniquement humain. Dans *Marcella* (1894), il s'agit d'une jeune socialiste qui, courtisée par Lord Maxwell, lequel refuse de demander la grâce d'un condamné, le repousse, et finit quand même par l'épouser, témoignant du rôle efficace que peut jouer dans la société contemporaine une femme d'intelligence et de volonté. Dans *Helbeck of Bannisdale* (1898) nous est exposé le conflit où se débat un pieux et austère catholique épris d'une jeune libre-penseuse. L'intellectualisme domine nettement chez Mrs. Humphry Ward. Ses caractères, d'une psychologie assez simpliste, sont plutôt les porte-parole de ses idées personnelles que des personnages en chair et en os. Ses romans, qui sont des analyses presque systématiques de courants d'opinion, se développent selon une ligne rigide, dans un plan nettement didactique, l'auteur s'efforçant surtout de dramatiser les tendances critiques de sa génération, ses intrigues étant toujours subordonnées au problème à résoudre, ou à la tâche généreuse à exalter. L'œuvre entière de Mrs. Humphry Ward demeure pénétrée de cette idée cependant que la quête intellectuelle ou religieuse ne mène qu'à l'inquiétude, sinon à la détresse. Dans un monde où tout évolue, où tout se renouvelle avec une rapidité dont elle s'épouvante un peu, le souci de la vérité, avec la lutte entre la tradition et le progrès qui l'accompagne nécessairement, ne peut aboutir, estime la romancière, qu'à une sorte de confusion morale.

Tout à l'opposé de Mrs. Humphry Ward apparaît Mrs. P. M. T. Craigie, celle-là uniformément sérieuse et didactique, celle-ci s'abandonnant au contraire à la vivacité de son imagination et de son esprit. Mrs. Craigie est, elle aussi, une intellectuelle qu'intéressent, au plus haut point, les problèmes de l'heure. Elle se tourne de préférence néanmoins vers les aspects brillants de la société, et elle s'efforce de les définir en phrases sveltes, épigrammatiques, qui ont la froideur et le poli de l'acier. Ses romans les plus connus, publiés sous le pseudonyme masculin de John Oliver Hobbes : *Some Emotions and a Moral* (1891), *The Gods, some Mortals, and Lord Wickenham* (1895), *The School for Saints* (1897) sont des œuvres brèves, où le dialogue domine, où une ironie exquise enveloppe une pensée grave, et la dissimule, où se côtoient du sarcasme étincelant et de l'ombre, de l'amertume et de la grâce pensive. Le roman de Mrs. Craigie correspond, en un sens, par la subtilité superficielle de son modernisme voulu, au scepticisme et à l'esthéticisme immoral d 'Oscar Wilde. Avec cette différence cependant : on sent toujours ici, sous la brusquerie railleuse des personnages, comme sous la froideur un peu distante de l'auteur même, la souffrance sincère d'une femme dont l'expérience a été amère, dont l'esprit incisif n'est le plus souvent qu'une façon de masquer sa désillusion, une autre manière d'affirmer que « nous ne trouvons pas notre vie toute faite, nous la faisons nous-mêmes », ou encore « qu'il n'y a qu'une seule obligation dans la vie : avoir du courage ».

Le succès qui accueille le roman de Mrs. Humphry Ward et de John Oliver Hobbes, qui demeurent sans doute les deux femmes écrivains les plus notoires de la fin de l'âge victorien, mais auxquelles on pourrait aisément adjoindre nombre de romancières dont la réputation est également fort étendue : entre autres « Lucas Malet », Sarah Grand et Beatrice Harraden, et même, bien que leur œuvre fût ici d'une audace plus facile, « Ouida », Mrs. Braddon et Marie Corelli, ce succès donc n'est pas d'ordre uniquement littéraire. Il marque avant tout l'étape que la femme vient de franchir, la place qu'elle a désormais acquise dans le sentiment social, dont la littérature ne nous fournit jamais qu'une traduction incomplète. Tandis que le roman du milieu du siècle nous montrait encore la femme régnant à son foyer, mais à la condition de n'en sortir jamais, l'abnégation d'elle-même étant considérée comme la vertu cardinale de l'épouse aimante et reposante ; que les personnages féminins de Dickens sont ou des jeunes filles « à l'âge encore où l'on mange des tartines de beurre », ou des épouses toujours béatement obéissantes, Dora Copperfield, la plus représentative d'entre elles, étant le type tantôt de la femme sublime, tantôt de la poupée inepte ; que les femmes mêmes que nous dépeint Thackeray, et qu'il approuve, se rapprochent surtout de la modeste, caressante et dévouée Amelia Sedley, Rebecca Sharp, avec son égoïsme un peu vulgaire et sa rouerie ensorceleuse éveillant plutôt en lui un mépris alerte, le roman dont l'influence est la plus considérable dans les dix dernières années du dix-neuvième siècle nous apporte, au contraire, un type de femme tout nouveau. C'est ainsi que George Meredith, le plus courageux et intelligent champion de la femme moderne, nous décrit toute une série d'héroïnes qui savent monter à cheval, ramer et nager, qui « sont solides sur leurs pieds et vous regardent droit dans les yeux », qui ne se contentent plus d'être les patientes gardiennes du logis, mais aspirent à leur tour à jouer dans l'existence un rôle actif, qui prétendent représenter aussi peu l'idéal des Préraphaélites : yeux profonds, lèvres charnues et long cou blanc, que la théorie de Thomas Hardy : un jouet seulement de l'instinct sexuel. La virilité généreuse de Meredith se révolte contre « la sentimentalité de harem » que ses compatriotes, avec « leurs instincts de Turcs », continuent d'imposer aux saines et robustes jeunes femmes. Ses héroïnes préférées : Clara Middleton dans *The Egoist*, Renée de Croisnel dans *Beauchamp's Career*, Diana Warwick dans *Diana of the Crossways* refusent de se plier davantage aux exigences des instincts protecteurs des hommes. Elles se dressent désormais devant lui, toujours prêtes sans doute, avec leur fine et frémissante ardeur, à se donner tout entières, mais avec la conscience de leur volonté indépendante, de leur responsabilité et de leur dignité propre. Une génération plus tard, H. G. Wells, romancier débordant, qui vise surtout à se faire le porte-parole, sinon le haut-parleur, de l'opinion avancée, nous montrera, dans *Ann Veronica* par exemple (1909), les progrès accomplis par la femme dans la voie qu'avait ouverte devant elle Meredith. Il nous présente, dans Ann Veronica elle-même, une jeune fille de classe moyenne, saine, énergique, mais tourmentée par le sexe, et qui, dans son impatience de « vivre sa vie », se révolte contre le joug que la tyrannie du monde, encore plus que la volonté mystérieuse de la nature, voudrait lui imposer. Chez Miss Widgett, d'autre part, la suffragette qui figure dans le même roman, il nous décrit une cérébrale chez laquelle l'idée de sa « position d'esclave », de « la position de la femme constamment foulée aux pieds » a pris la forme d'une obsession véritable.

De sorte que, dès le tournant du XXe siècle, l'émancipation de la femme apparaît, aux yeux de chacun, comme un fait déjà aux trois quarts accompli. Les hautes classes de la société essaient bien de la retarder encore, mais avec une âpreté douloureuse qui se sait désormais inefficace. Les classes bourgeoises y sont entièrement acquises. La liberté individuelle de la femme est devenue autre chose qu'un simple thème littéraire, même qu'une controverse de cabinet et de salon : elle vient d'entrer dans la phase des réalisations effectives. Un grand mouvement se dessine en sa faveur, dont les femmes elles-mêmes prennent la tête. Elles se font les avocates passionnées de la réforme du mariage, de l'élargissement du divorce, du progrès sanitaire, des améliorations sociales de tout ordre. Elles s'enorgueillissent de forcer les hommes à dire tout haut ce qu'ils eussent préféré continuer à penser tout bas. Le droit de vote, *Votes for Women,* les préoccupe tout particulièrement. De vastes associations se forment, progressent rapidement, la *Women's Social and Political Union,* par exemple, qui, créée timidement à Manchester en 1903, se trouve bientôt à la tête d'abondantes ressources, vient s'installer à Londres en 1910, y publie un journal hebdomadaire tiré à 40.000 exemplaires, et verra son budget s'élever, en 1913, à 37.000 livres. Des « suffragettes » militantes, encouragées par le fanatisme de certains de leurs chefs, de Mrs. Pankhurst notamment et de ses filles, Christabel et Sylvia, descendent dans la rue, parcourent Piccadilly en déployant des bannières, cassent des vitres, crachent au visage des policemen, se font traîner glorieusement en prison. Mais, en dépit des huées et des sifflets de la foule, malgré les résistances traditionnelles des pouvoirs publics, et d'une partie de l'opinion elle-même, l'Angleterre n'étant, d'aucune manière, « un pays de séïsme », les dés en sont jetés, et la cause de l'émancipation féminine est définitivement gagnée. La génération de 1890 à 1914 a vu s'accomplir, dans la vie des femmes, un changement plus considérable, elle leur a ouvert des perspectives qui allaient s'étendre beaucoup plus loin que ne l'eussent jamais osé espérer, quelque trente ans plus tôt, les plus aventureuses d'entre elles. C'est, de fait, le renversement total d'un état de choses établi depuis des siècles qui vient de s'effectuer. L'idéal qu'avait à peine entrevu John Stuart Mill dans son essai intitulé : *The Subjection of Women* (1869), où il avait dénoncé âprement l'absurdité des lois en vigueur qui réduisaient la femme, même mariée, à un avilissement véritable, est aujourd'hui dépassé. Qu'eût-on pensé, à la veille même de la guerre, de l'indignation grandiloquente d'un des premiers lecteurs de *Jane Eyre,* qui avait déclaré que, « si le livre avait été écrit par une femme, ce devait être l'œuvre d'une de ces femmes qui ont, à juste titre, perdu tout droit à la compagnie de leur propre sexe ». Et comment une farouche suffragette eût-elle apprécié le jugement que porta un jour, sur une femme parlant en public, le rude et autoritaire Samuel Johnson : « On dirait un chien qui marche sur ses pattes de derrière : ça n'est pas bien fait, mais l'étonnant c'est que ça puisse même se faire [1]. »

III

La littérature féminine de la guerre et de l'après-guerre 1914-1930

On sait le bouleversement que la guerre a introduit dans la vie de la Grande-Bretagne, bouleversement si profond

1 Cité par E. DREW, *The Modern Novel,* Some Aspects of Contemporary Fiction, 1926, p. 105.

que c'est en 1914 seulement qu'y commence, à la vérité, le XXe siècle, et que sont tranchés les derniers liens qui unissaient encore l'Angleterre de Georges V à celle de Victoria. La littérature féminine, avec son acuité de vibrations et la franchise de ses aveux tout ensemble, reflète très exactement ce tumulte d'idées qu'a mises en branle la démoralisante catastrophe. En Angleterre, plus que partout ailleurs peut-être, la guerre a accéléré l'écroulement des préjugés de caste, de religion, de sexualité auxquels demeurait attachée, malgré les attaques de la génération précédente, la majorité des « Pharisiens insulaires ». En rompant l'équilibre de la nation, en disloquant les fortunes à la fois et les classes sociales, la guerre a ouvert la voie à l'indiscipline des mœurs. Elle a, avec son matérialisme féroce, précipité la faillite de nombre de croyances orgueilleuses, voire de règles d'honneur, considérées aujourd'hui comme d'hypocrites mensonges, mais que les Anglais s'imposaient hier encore avec une si vaillante simplicité. En exaltant, d'autre part, toutes les initiatives, de quelque ordre qu'elles fussent, c'est la revanche des instincts de l'individu qu'elle préparait par là-même, pour le jour où la paix revenue aurait mis un terme à la soumission collective et anonyme des quatre années affreuses, où rôdait la mort. Surtout, avec cette sincérité accrue qu'éveillent dans l'âme les moments de crise tragique, la guerre, cette grande destructrice d'illusions, a dressé face à face les deux sexes, et leur a révélé, l'un à l'autre, tels sentiments brutaux, telles violentes rancœurs peut-être qui ne l'eussent point été, en des jours moins terribles et moins étranges.

La femme anglaise, toujours si attirée vers la vie active, n'a point manqué de participer dès l'abord à l'héroïsme et à la douleur de l'homme, de revendiquer sa place dans l'immense lutte qui venait de s'engager. Elle aussi s'est révoltée devant l'iniquité de l'œuvre de guerre, devant le massacre de ces innocents jeunes hommes, presque des enfants, « si beaux, si heureux, si sains, si libres » et qui, sur les champs de bataille où ils agonisent, appellent encore leur mère. Comme elle a du courage, cependant, « non seulement pour souffrir, mais pour cacher sa souffrance derrière un bouclier éclatant [1] », elle s'est offerte aussitôt pour secourir les blessés et assister les combattants de toutes les manières, et elle a apporté au service de la nation en lutte une aide incomparable. Elle s'est enrôlée dans les *V. A. D.* (*Voluntary Aid Detachments*), dans les hôpitaux, de l'un et de l'autre côté du Détroit, et même parmi les conductrices de voitures d'ambulance. Elle a installé des cantines dans les gares. Elle a levé des fonds pour aider les soldats sur le front, et apporter des secours à leurs femmes et leurs enfants restés en Angleterre. Elle s'est intéressée aux réfugiés belges. Elle s'est même fait admettre dans les fabriques de munitions, dans les services de télégraphie, dans les bureaux de l'Etat, des chemins de fer et des banques, partout où elle pouvait remplacer des hommes valides, et contribuer, de tout son dévouement, à l'« effort

1 Katherine MANSFIELD, *Novels and Novelists*, 1930, p. 12. Voir aussi le curieux ouvrage de Helen Zenna SMITH, *Not so quiet*, 1930 ; traduit en français par R. Brua, *Pas si calme*, 1931.

de l'Angleterre [1] ». Elle aussi a répondu, de toute son ardeur, à l'appel aux armes.

Mais, la lutte finie, et le « désenchantement [2] », l'irritation, le respect diminué pour toutes les autorités officielles s'étant insinués dans chaque esprit, la femme anglaise, de son côté, s'est retrouvée très différente de ce qu'elle était à l'heure de son enrôlement volontaire. Comme, en outre, celles qui n'avaient point quitté leurs boutiques ni leurs métiers avaient appris à se suffire par elles-mêmes, d'autres encore à prendre en mains, les hommes étant partis, la direction de nombre d'affaires dont elles avaient été tenues à l'écart jusqu'alors, elles ont acquis une conscience toute nouvelle de leur force. Une sorte d'antagonisme commence même d'apparaître de sexe à sexe. Non seulement la femme anglaise accuse l'homme de n'avoir point su empêcher la guerre, mais, puisque la catastrophe l'a forcée à sortir de « son loisir abrité » (*her sheltered leisure*), elle est bien résolue à n'y point rentrer, à opposer, à la tendresse protectrice de l'homme pour elle, qui ne va jamais sans l'assurance d'une certaine supériorité, le sentiment de sa dignité individuelle, de son égalité presque complète avec son partenaire. Comme, d'autre part, à la faculté d'adaptation à toutes sortes de besognes

[1] Voir le recueil de Mrs. Humphry WARD, *Towards the Goal*, Letters on Great Britain's efforts in the War, 1916 ; traduit en français : *L'effort de l'Angleterre,* Sept lettres à un ami américain, Préface de Gabriel Hanotaux. 1916.

[2] Voir le livre retentissant de C. E. MONTAGUE, *Disenchantment*, 1922, dont son ami et biographe, Oliver Elton, a écrit : « The book is not only a performance, but an historical *mémoire pour servir*. It expresses the bitter mind of a multitude, the still young, the returning survivors of the New Army », *C. E. Montague*. A memoir, 1929,p. 242.

dont elle vient de faire la preuve, la femme anglaise de l'après-guerre ajoute l'allure libre et ferme qui lui est naturelle, une certaine hardiesse même, qui pousse sans peine jusqu'à l'originalité excentrique, le rôle qu'elle s'estime capable de jouer désormais augmente singulièrement d'importance. Si elle participe, en un sens, à cette surexcitation de l'esprit et du cœur qui, telle une flamme vacillante un peu fiévreuse, remplace, chez nombre d'hommes que la lutte a surmenés, les volontés plus droites de naguère, elle entend, par contre, retirer de son indépendance aujourdhui assurée un bénéfice immédiat. Puisqu'elle avait contraint les *Trade Unions* britanniques, qui s'y étaient montrées pourtant si hostiles, à accepter le principe du travail féminin dans les usines, elle exigera que lui soit reconnu le droit d'exercer, dans la vie sociale, une action de tous points égale désormais à celle des hommes.

Aussi les femmes jouent-elles un rôle considérable dans la vie de l'Angleterre d'après-guerre. Le nombre des jeunes filles y étant maintenant beaucoup plus élevé que celui des hommes à marier, et le mariage, les difficultés de la vie matérielles s'aggravant, devenant fort incertain, les femmes décident, à quelque classe qu'elles appartiennent, d'« apprendre un métier », de se faire médecins, avocates, chimistes ou professeurs. C'est ainsi que le nombre d'élèves s'accroît considérablement tant dans les Universités que dans les collèges féminins eux-mêmes, le nombre de jeunes filles suivant les cours des écoles secondaires subventionnées par l'État (*grant-aided secondary schools for girls*) étant passé de 72.447 en 1910 à 171.176 en 1924, le chiffre des étudiantes d'Université s'étant élevé de 361 en 1909 à 1.214 en 1921, et à 7.873 en 1927. Et de même qu'aucune distinction ne sépare plus l'éducation des filles de celle des garçons, aucune des recherches qui sollicitent la curiosité intellectuelle contemporaine ne laisse plus la femme indifférente. La psychologie, par exemple, ayant aujourd'hui pris la place qu'occupait la sociologie sous Edouard VII et la biologie sous Victoria, elle s'y adonne avec une énergie presque passionnée, s'intéressant plus spécialement aux problèmes obscurs de la psychanalyse, des complexes et du refoulement freudiens. Le besoin d'examiner toutes choses avec des yeux neufs, les certitudes des générations précédentes étant considérées comme autant de conventions archaïques, sinon même de superstitions indéfendables, pousse la femme d'aujourd'hui tantôt vers la critique religieuse ou philosophique, tantôt vers l'étude des théories scientifiques les plus récentes, tantôt encore vers l'examen des systèmes politiques, voire l'élaboration de nouvelles lois sociales. Bernard Shaw ne vient-il pas, du reste, d'écrire spécialement pour elle un audacieux « guide de la femme intelligente » en quatre-vingt-quatre chapitres [1] ? Les grandes lois électorales récentes, enfin, celle de novembre 1918, qui accordait le suffrage parlementaire à toute femme âgée de trente ans, celle de mars 1928, proposée par le Gouvernement conservateur de Stanley Baldwin, et qui abaissait cet âge à vingt-et-un ans, en attribuant ainsi à la

[1] *The Intelligent Woman's Guide to Socialism and Capitalism*, 1928

femme l'égalité politique totale avec l'homme, n'ont-elles pas consacré le triomphe des revendications féminines ? Dans ce succès acquis, cependant, la femme anglaise décide de voir moins une ligne d'arrivée que de départ. Cette émancipation nouvelle, elle la veut traduire aussitôt par la recherche d'une activité énergique, indépendante de toute méthode, de toute opinion traditionnelles, d'une activité aussi franche, aussi audacieuse, aussi largement humaine surtout, qu'il sera possible.

La littérature féminine, le roman en particulier, qui est devenu la somme même, comme l'était le drame à l'époque élizabéthaine, de l'expression littéraire d'aujourd'hui, le roman féminin donc exprime de mille manières cette émancipation. Tandis que les hommes, auxquels l'après-guerre a apporté une humiliation morale si poignante, se portent moins volontiers vers les œuvres de pure imagination que vers les essais critiques, ceux-ci leur permettant d'exprimer directement leur fatigue, leurs désillusions, leur colère, leur volonté vengeresse de rire plutôt que de pleurer devant les résultats de l'immense lutte, subie héroïquement, et gagnée en vain, les femmes écrivains d'Angleterre se sont lancées, presque avec enthousiasme, dans la création romanesque. Au point qu'il ne saurait être question de signaler ici que quelques-unes d'entre elles, un peu au hasard des lectures, au gré surtout de tel souvenir resté particulièrement vif dans notre esprit [1].

[1] Consulter, sur la littérature féminine contemporaine en Angleterre, les remarquables études d'Abel CHEVALLEY, *Le roman anglais de notre temps*, 1921, et de Louis Cazamian, dans l'*Histoire de la Littérature Anglaise* de LEGOUIS et CAZAMIAN, 1924.

Margaret Kennedy, par exemple, nous trace dans *The Constant Nymph* (1924) le tableau animé d'une famille de musiciens fantasques et vagabonds campés d'abord dans un chalet du Tyrol, puis qui se transportent à Londres, où leur extravagance se heurte à la discipline rigide de la bourgeoisie anglaise, l'art toutefois demeurant, au milieu des pires traverses, la raison d'être unique de ces sympathiques bohémiens. Rose Macaulay, d'une plume incisive et froide, décrit de vigoureuses figures de femmes dans *Dangerous Ages* (1921) et *Keeping Up Appearances* (1928), la satire ici demeurant un peu hautaine, la description, nettement réaliste, d'une raillerie si spirituelle aussi, de « la horde d'esprits stupides, confus, ignorants, sentimentaux » au milieu de laquelle elle nous introduit, ne laissant pas de s'accompagner d'une ironie insolemment méprisante. Dans *Regiment of Women* (1917) et *Legend* (1919), de Clemence Dane, nous sommes frappés par l'invention si audacieuse, par les dons dramatiques si intenses de l'auteur que nous ne pouvons abandonner l'un ou l'autre de ses romans qu'après en avoir tourné la dernière page. Rebecca West, dans *The Return of the Soldier* (1918) et *The Judge* (1922), se pose en jeune intellectuelle aux idées avancées, à l'imagination âpre et hardie, et qui semble avoir pris à tâche d'abattre les idoles favorites du public anglais. Rosamond Lehmann, qui ne craint point davantage le scandale, célèbre dans *Dusty Answer* (1927) la splendeur païenne de l'été, les jeux de la lumière sur la campagne anglaise, l'angoisse voluptueuse des jeunes corps, puis l'amertume des soirs d'automne et des désirs éteints.

Radclyffe Hall expose, dans *The Well of Loneliness* (1928), ouvrage dont la censure avait interdit la publication en Angleterre, un cas de psychophysiologie anormale, presque de psychiâtrie, et Norah James, dans *Sleeveless Errand* (1928) fait entendre les cris de détresse d'une jeune exaltée que vient d'abandonner son amant et qui, résolue à mourir, précipite sa voiture d'une falaise dans la mer.

A un plan supérieur, et dans le voisinage immédiat ici de Virginia Woolf, nous apercevons encore May Sinclair, que M. Abel Chevalley appelle « la romancière la plus représentative de l'Angleterre contemporaine ». Après avoir, dans *The Divine Fire,* publié dès 1904, exposé le brusque épanouissement de la femme sous la poussée physique de l'amour, May Sinclair s'est surtout révélée, dans ses œuvres postérieures les plus marquantes, telles que *The Three Sisters* (1914) et *Mary Olivier* (1919), une adepte convaincue de la psychanalyse, et elle a mêlé désormais à ses intrigues, même les plus finement, les plus spirituellement satiriques, un commentaire courant d'allure doctrinale, qui ne laisse pas de les alourdir quelquefois. Dorothy Richardson, dont l'œuvre est d'ordre encore plus délibérément intellectuel, décrit, dans une série de romans qu'elle désigne du titre général de *Pilgrimage,* et dont les plus caractéristiques semblent *Pointed Roofs* (1915) et *Honeycomb* (1917), les expériences nombreuses et banales d'un seul personnage, Miriam Henderson, mais qui s'accompagnent d'une thèse psychologique définie, à savoir que « le courant de la conscience » entraînant dans son flot une multitude d'impressions, de sensations, de perceptions, sans lien réel d'aucune sorte, le romancier ne doit ni choisir entre elles ni essayer de les interpréter, mais se borner à les reproduire telles quelles dans son œuvre, avec leur mobilité et leur souplesse. Quant à Katherine Mansfield enfin, dont le deuil et la maladie avaient si tôt mûri le talent délicat, et qui devait mourir à trente-quatre ans, elle adopte uniquement la forme de la nouvelle, la forme la plus libre et la plus sobre à la fois, et elle réussit, en particulier dans les recueils qui s'intitulent *Bliss* (1920) et *The Garden Party* (1922), à condenser, en quelques pages exquises seulement, toute la vie d'un groupe ou d'une famille, à y exprimer, avec une clarté presque cristalline, l'immensité frémissante d'un cœur humain.

Mais qu'il s'agisse de l'une ou de l'autre de ces romancières, leur roman est devenu un moyen, avant tout, de libérer leurs curiosités ou leurs inquiétudes profondes. Au lieu de s'attarder, comme s'y complaisait le roman victorien, à décrire la fraîcheur simple de la vie rurale, les grâces discrètes de la vie de famille, ou le charme encore de l'aristocratique vie de château, parmi les pelouses vertes et les souvenirs fanés, les romancières anglaises d'aujourd'hui nous livrent surtout des analyses aiguës, des témoignages directs, des confessions d'une sincérité intransigeante qui, à grand renfort parfois d'images brutales dont sont secoués nos nerfs, nous transmettent le choc que produit sur elles la vie contemporaine. Elles y déclarent, non seulement leur volonté d'affranchissement intégral, mais, avec des froncements de sourcils parfois cyniques, l'anarchie morale véritable à laquelle a abouti leur rébellion. Elles ne se contentent pas d'y crier tout haut ce qu'il leur avait fallu taire jusqu'à présent. Avec une véhémence que ne retient plus, chez nombre d'entre elles, aucune pudeur, elles font de leur œuvre une explosion de franchise et de passion.

* * *

Dans l'atmosphère instable, incohérente, turbulente de l'après-guerre, où presque rien ne subsiste de la manière de voir, bien étroite et placide sans doute, mais rien non plus de la santé morale, si robuste, de l'âge victorien, dans la révision fiévreuse des valeurs qui s'est effectuée au cours des dix dernières années, les aspirations féminines ont donc franchi une étape considérable. Une sorte de révolution pacifique, à vrai dire, vient de se produire dans les mœurs tout ensemble et dans la littérature de l'Angleterre. De même que les femmes anglaises ont conquis l'égalité politique avec les hommes, l'opinion ne faisant plus aucune différence théorique entre les sexes, et leur rivalité n'étant plus que d'ordre économique, de même elles ont, dans le domaine littéraire, pris la tête, sinon la direction de la production romanesque. Le roman féminin occupe aujourd'hui, chez nos voisins d'outre-Manche, non seulement un rang très élevé, mais peut-être la place première.

Les femmes écrivains y apportent d'abord un intellectualisme tout neuf, audacieux, comme agressif encore ; le désir, qui prend volontiers des allures de défi, d'explorer toutes choses, de pénétrer jusque dans les moindres recoins de la vie de l'esprit, et d'en déterminer les plus secrets mouvements ; parfois même une concentration énergique qui s'acharne à affronter les problèmes les plus ardus de la pensée contemporaine. De sorte que leurs œuvres romanesques nous fournissent plutôt l'analyse minutieuse, fondée souvent sur tel système philosophique nouveau, de phénomènes psychologiques compliqués, qu'elles ne nous apportent, à la mode d'autrefois, le développement, pas toujours inattendu, de douces intrigues sentimentales. Leur culte de la sincérité critique d'autre part se manifeste surtout par leur mépris tranchant des traditions intellectuelles victoriennes, qu'elles estiment insipides, par leur dégoût même « de la bourgeoisie satisfaite à la Pecksniff [1] », dégoût qui prend facilement le ton aigu de la polémique, sinon l'allure d'une fougueuse revanche.

Les romancières d'aujourd'hui y ajoutent leur affectivité essentielle, où l'instinct vient prendre place à côté du jugement, et l'imprégner pour ainsi dire, avec quelque chose de hardi et de musclé, si typiquement anglais, de brusque même et de provocant, mais où la grâce des attitudes, il faut le reconnaître, est le plus souvent absente. La vie sexuelle, en particulier, les intéresse grandement, d'où toute notion de la vertu et du vice est désormais exclue, où se font jour, par contre, une désinvolture grandissante à l'endroit de l'homme, une curiosité presque expérimentale, sinon même la volonté tyrannique de le

[1] Aldous HUXLEY, *Point Counter Point*, 1928, p. 170. « Our bourgeois and Pecksniffian smuggeries. »

« piquer au vif [1] », le ferme propos aussi de ne plus s'embarrasser de moralisme, d'idéalisme ni de romantisme d'aucune sorte, l'aventure amoureuse ressemblant désormais à une équipée aérienne, à un raid dans un monoplan à deux places, selon l'expression d'Aldous Huxley, pour lequel on ne saurait s'encombrer, bien entendu, d'aucun bagage [2]. Au regard même de celles que n'a point subjuguées complètement le *sex appeal,* la vie apparaît une source d'énergie éternellement jaillissante, l'amour n'étant qu'un jeu obscur de forces profondes, inconscientes, inéluctables, avec lesquelles leur nature de femme est reliée par des affinités si directes, et dont il serait vain de vouloir contenir le remous intérieur dans les lignes rigides d'une froide analyse rationnelle. L'objet du roman féminin, affirment-elles, doit être de peindre la vie tout entière, et telle qu'elle est, de la laisser se répandre au long de l'œuvre comme un fleuve, avec ses calmes étendues et ses tourbillons, alternativement.

La plupart des romancières anglaises d'aujourd'hui se révèlent enfin de grandes artistes du style, des écrivains raffinés auxquels les méthodes anciennes, d'une ordonnance si simple, un peu pesantes sans doute dans leur large mouvement, paraissent intolérables, qui se montrent irrévérencieuses à l'endroit des formules consacrées, qui dédaignent ouvertement les graves cristallisations, et

[1] *Point Counter Point,* p. 183. « I rather like her for making you men squirm a bit. »
[2] *Ibid.*, p. 282.

encore plus les réussites faciles, insolentes dans leur puissance, d'un Dickens et même d'une George Eliot.

Avec leur trépidante ardeur, avec une alacrité d'entreprise où ne laisse pas de s'insinuer parfois certain snobisme littéraire, avec un penchant pour le « malsain » et le « déplaisant » auquel le lecteur anglais avait tant répugné jusqu'ici, avec une horreur du familier qui va jusqu'au goût de l'étrange, avec la volonté de ne sortir des sentiers battus que pour grimper vers des sources inexplorées encore, les romancières contemporaines ne veulent pas seulement interpréter à leur manière la vérité d'aujourd'hui, ni selon l'expression de Virginia Woolf elle-même « refléter dans leurs œuvres l'arrangement nouveau de leurs attitudes ». Elles ambitionnent d'en faire, en plus d'un document humain authentique, une « chose de beauté » qui procédera directement de leur « vision » personnelle. Entre leurs jeunes mains ardentes et libres, le roman est devenu, essentiellement, une création d'art, à base de vérité à la fois et de poésie.

CHAPITRE II

La personnalité littéraire de Virginia Woolf : Son esprit et sa culture

Si étroits que se révèlent les liens qui rattachent au roman féminin du dix-neuvième siècle l'œuvre de Virginia Woolf, si nombreux que soient aussi ses points de contact avec la fourmillante production des femmes écrivains de l'Angleterre contemporaine, cette œuvre n'en demeure pas moins nettement individuelle. Elle nous découvre, en même temps que la direction nouvelle que les mœurs ont imprimée à l'esprit féminin, une personnalité littéraire très accusée. Cette personnalité, en outre, est fort complexe. A côté de l'esprit créateur, le précédant sans doute, et parfois même le dominant, coexiste en Virginia Woolf l'esprit critique. Notre romancière ambitionne de nous dépeindre sur le vif quelques âmes modernes, de nous les montrer dans leur vérité psychologique immédiate, de ne point les séparer du milieu changeant, du courant de l'esprit, presque infini, où elles se meuvent. Mais, à ses dons d'observation en quelque sorte intuitive, à sa sensibilité proprement féminine, elle ajoute les ressources d'un esprit solide qui a pris l'habitude de la réflexion, et qui, à sa curiosité instinctive, a su imposer la discipline de la patiente méditation. Virginia Woolf, avant d'aborder sa tâche de romancière, avait acquis, au cours d'immenses lectures vagabondes, une culture littéraire considérable. Elle s'y était préparée aussi par un entraînement intellectuel des plus sérieux, qui se reflète dans toute son œuvre, à laquelle il communique une fermeté, parfois même une certaine froideur assez rares chez les écrivains féminins. Son roman est ainsi un mélange, à parties presque égales, d'impressionnisme et d'intellectualisme. Elle s'efforce d'y reproduire, jusque dans ses plus délicates nuances, son expérience sensible et spirituelle, ce qui est perçu par elle de la vie. Mais elle fonde cette analyse sur des idées, elle l'appuie sur des méthodes très délibérément arrêtées. Elle veut juger en même temps que sentir, le besoin de précision, de lucidité critique s'unissant toujours chez elle à l'inspiration même, au point que son goût de la spéculation ne laisse pas de nuire parfois à ses facultés créatrices. L'inconscient psychologique pourra constituer le thème central du roman de Virginia Woolf : la clarté de son propre esprit, et la finesse exquise de sa culture y frappent d'abord, au tout premier plan.

I

Le milieu familial

L'intellectualisme, qui est une des dominantes de la personnalité littéraire de Virginia Woolf, notre auteur le tient de sa naissance même. Fille cadette de Sir Leslie Stephen, l'un des chefs du rationalisme anglais du siècle dernier, elle semble se rapprocher de son père par maints côtés [1]. Celui-ci (1832-1904), qui avait fait ses études et passé sa jeunesse à Cambridge, s'y était imprégné de l'atmosphère du lieu, de « sa sympathie, vieille de trois siècles », ainsi qu'il le constate lui-même, « pour l'aspect le plus prosaïque des choses, pour le terre-à-terre et l'uniformité monotone, pour le sens commun et la lueur froide de la raison, en contradiction totale avec les illusions du sentiment romantique et pittoresque [2] », si cher, en revanche, à la vieille Université sœur et rivale. Entré dans les ordres en 1859, Leslie Stephen les abandonne en 1875, non parce qu'il a perdu la foi, mais parce qu'il vient de découvrir qu'il ne l'a jamais eue, et il quitte Cambridge pour Londres, décidé à y vivre de sa plume. Il collabore à des revues nombreuses, assure la direction littéraire du *Cornhill Magazine*, et, à partir de 1882, s'intéresse à la préparation du monumental *Dictionary of National Biography*, dont il deviendra bientôt l'« éditeur » responsable. Il entreprend, en même temps, une série de travaux philosophiques, dont les principaux seront *The History of English Thought in the eighteenth century* (1876-81) et *The English Utilitarians* (1900), dans lesquels il se révèle un agnostique

1 Consulter, sur Sir Leslie Stephen, F. W. MAITLAND, *The Life and Letters of Leslie Stephen*, 1906 ; et l'article de Sir Sidney LEE dans le *Dictionary of National Biography*, Second Supplement, vol. III, 1912, pp. 398-405. Aussi la lumineuse esquisse qu'en donne René GALLAND dans son *George Meredith*, 1923, pp. 296-98.

2 *Some early Impressions*, écrites en 1903, l'année qui précéda la mort de Sir Leslie Stephen, et publiées en 1924, p. 12.

convaincu, un des premiers de ces ouvrages : *Essays on Freethinking and Plain Speaking* (1873) étant une réfutation des dogmes chrétiens, un autre : *The Science of Ethics* (1882), une exposition de la pensée de ses maîtres, Hume, Bentham et les Mills, un autre encore : *An Agnostic's Apology* (1893) étant fondé sur les vues de Darwin et de Spencer, de Huxley et de Tyndall qu'il oppose victorieusement à celles de Newman. Passant de la défense et illustration du rationalisme à la critique littéraire, Leslie Stephen y apporte les qualités d'ordre, d'exactitude, de clarté logique qui avaient caractérisé ses premiers ouvrages, mais aussi un manque assez fâcheux de spontanéité. Qu'il s'agisse des études biographiques précises qu'il consacre, dans la série des *English Men of Letters* que dirige son ami John Morley, à Pope, à Swift et à Johnson, puis à Hobbes et à George Eliot, ou des recueils intitulés *Hours in a Library* (1874-79) et *Studies of a Biographer* (1898-1902), l'émotion littéraire en est presque toujours absente. Le goût même du critique semble moins naturel que lentement acquis. S'il apprécie équitablement, par exemple, la poésie d'un Wordsworth ou d'un Matthew Arnold, cette appréciation demeure d'ordre uniquement intellectuel. Aucune sympathie véritable n'apparaît dans la précision toujours un peu rigide, et, avec son ironie constante, si volontiers incisive, de son jugement. L'attitude normale de Leslie Stephen est celle d'un homme d'une rare culture, mais avant tout raisonnable, aux yeux duquel la sensibilité et l'imagination, avec les qualités littéraires qui s'y rattachent, demeurent d'un ordre secondaire, sinon médiocre [1]. Cet honnête homme, dont l'effort se borne, affirme-t-il lui-même, « à interpréter loyalement la pensée des esprits originaux [2] », est le premier aussi à reconnaître ses propres limites. Ajoutez que, sous son apparence austère, avec ses gestes nerveux et ses paroles parfois un peu brusques, il a le cœur pétri de tendresse virile, et que « sa fermeté de Spartiate » n'est point ennemie, aux heures de détente, de la plus folle belle humeur. Sportsman infatigable, capitaine des *Sunday tramps* qui s'échappent du Londres dominical pour faire, dans la campagne, des marches de vingt à trente milles, premier président, de 1865 à 1868, du Club alpin anglais, et lui-même « grimpeur » presque fervent, il compte enfin un nombre important d'amitiés notoires dans l'Angleterre intellectuelle de la fin du XIXe siècle, dont la plus précieuse, et la plus sûre, fut celle de George Meredith. C'est à lui que Leslie Stephen adressa, quelques jours avant de mourir, en février 1904, cet émouvant message : « ... Je ne veux confier à personne d'autre le soin de vous dire combien j'apprécie votre amitié, et il faut que vous sachiez par ce billet, qui est peut-être le dernier, combien j'ai de joie et d'orgueil à penser à votre affection pour moi [3]. » On connaît, d'autre part, le portrait

1 Voir, sur Leslie Stephen critique, l'appréciation sévère du poète Francis THOMPSON, *Sir Leslie Stephen as a biographer*, 1915.

2 *Some early Impressions*, *op. cit.*, p. 193.

3 Voir *Letters of George Meredith*, Edited by his son, 1912, vol. II, p. 555. Meredith, qui a alors soixante-seize ans, lui répondit aussitôt : « Your letter gave me one of the few remaining pleasures that I can have. I rejoice in your courage and energy. Of the latter I have nothing left. We who have loved the motion of legs and the sweep of the winds, we come to this. But for myself, I will own that it is the natural order. There is no

savoureux que Meredith traça de lui, sous les traits de Vernon Whitford, dans *The Egoist* (1879) : un homme de raison calme et de sereine droiture, mais toujours prêt à se livrer, en même temps, à la plus franche gaîté. Le grand romancier voue même à ce « Phébus Apollon devenu bénédictin », comme il l'appelle, une si haute estime qu'il fait de lui le mari qui apportera enfin le bonheur à l'une de ses héroïnes préférées, la pétulante Clara Middleton.

Les leçons sont nombreuses que la jeune Virginia, qui est née du second mariage de Leslie Stephen avec Mrs. Julia Prinsep Jackson, veuve elle-même de Mr. Herbert Duckworth [1], a pu recevoir de son père. Si c'est à sa mère qu'elle doit sans doute sa délicatesse naturelle, tous ceux qui approchèrent cette dernière ayant vanté, avec sa rare beauté, le charme et le raffinement de son esprit, G. F. Watts, avec lequel elle était liée d'amitié, ayant fait d'elle un portrait tout empreint de méditative douceur, et George Meredith lui ayant adressé maints billets d'un enjouement tout cordial [2], c'est à son père, par contre, qu'elle a emprunté son respect de la pensée, son goût du labeur intellectuel. Grandie dans une atmosphère un peu grave, et

irony in the natural order. There is no irony in Nature. God bless and sustain you, my friend. » Febr. 14, 1904. *Ibid.*, p. 555.

[1] Leslie Stephen avait épousé, en premières noces, une fille de W. M. Thackeray, Harriett, qui mourut en 1875. De son second mariage, contracté en 1878, il eut quatre enfants, deux fils et deux filles, Virginia étant la dernière. La seconde Mrs. Stephen mourut, après une brève maladie, en mai 1895. « It may interest you to know » — nous écrit Mrs. Virginia Woolf — « that my mother's mother was half French, and that I owe my name Virginia to a French great grandmother. »

[2] Voir *Letters of George Meredith, op. cit., passim.* Le romancier parle souvent à Mrs. Stephen de ses enfants, auxquels il semble avoir voué une chaude amitié. Par exemple : « Your darlings are mine too. » April 8, 1888 ; « I have to confess that my heart is fast going to Virginia. » Dec. 25, 1892.

avant tout livresque, la jeune fille, dont l'enfance fut délicate, et qui fit son éducation entière à la maison, a puisé dans la bibliothèque de son père, où celui-ci lui permet de butiner à sa guise, une connaissance étendue des maîtres de la littérature anglaise, voire une érudition curieuse, un peu rare, même à l'occasion quelque peu pédante. Elle a acquis en outre, en écoutant parler Leslie Stephen, l'habitude de s'en remettre, en toute chose, sur son propre jugement ; une sincérité ardente dans le scepticisme même ; jusqu'à cette ironie dont celui que Meredith appelait « un anachorète des lettres » accompagnait si volontiers son besoin de clarté intellectuelle. A cette résolution de se trouver toujours au sommet de lui-même qui caractérisait Leslie Stephen, à ce que sa fille — « une femme est toujours fière de son père », écrira-t-elle dans *Mrs. Dalloway* — appelle quelque part « son intempérante honnêteté » (*his intemperate candour*), celle-ci ajoutera, bien entendu, des raffinements nombreux. Son ironie, qui s'est amenuisée, sera plus insidieuse. Ses jugements, plus déliés, seront nuancés plus subtilement. Avant tout, néanmoins, elle demeure la fille de celui qui, sous ses allures de penseur indépendant, cachait un cœur si scrupuleux. Et c'est le trait le plus caractéristique de l'un et l'autre que leur délicatesse altière.

Virginia Stephen épousa, en 1912, Mr. Leonard Woolf, un *Cambridge man* lui aussi, qui, après avoir passé sept années dans le *Civil Service* de Ceylan, était rentré en Angleterre, s'y était spécialisé dans les questions d'histoire diplomatique, et avait publié sur les problèmes de politique internationale des études fort remarquées [1]. Esprit vigoureux et clair, que l'humour de Samuel Butler, « sa dialectique, ses excentricités précises, une certaine sécheresse d'esprit capable de réduire tant de choses en une pincée de fine poussière [2] », intéressent au plus haut point, Leonard Woolf, qui allait devenir directeur littéraire du grand hebdomadaire *The Nation*, appartient à cette classe d'intellectuels radicaux aux doctrines un peu rigides, pour lesquels la tradition anglaise est, avant tout, un vague assemblage « d'images, de liens, de croyances et de superstitions » que la fin du XIXe siècle avait heureusement commencé d'ébranler, l'auteur d'*Erewhon* étant « un des premiers et plus efficaces pionniers de ce travail salutaire de destruction [3] ». La jeune femme pénètre ainsi dans un milieu d'essayistes et de journalistes dont les idées sont encore plus « avancées » que celles qu'elle avait appris à connaître dans la maison paternelle, et qui discutent volontiers de toutes questions, politiques et sociales au moins autant qu'esthétiques.

En collaboration avec son mari, Virginia Woolf fonde, en 1917, une maison d'édition : *The Hogarth Press*, qui ne comprend au début qu'une machine à main que font

1 Notamment : *Economic Imperialism*, 1920 ; *Socialism and Cooperation* 1921 ; *Imperialism and Civilization*, 1928. Il vient de publier d'autre part le premier volume d'un travail important intitulé : *After the Deluge*, 1931, consacré à une étude d'ensemble de la psychologie politique et sociale contemporaine.

2 Samuel BUTLER, dans *Essays on Literature, History, Politics*, etc., 1927, p. 48. On trouvera dans le même recueil, en plus d'études proprement politiques, un certain nombre d'esquisses consacrées à des écrivains dont le choix seul est caractéristique : entre autres Ben Jonson, Hazlitt, Cobbett, Herbert Spencer, Lord Morley, etc.

3 *Ibid.*, p. 56.

marcher « deux imprimeurs amateurs et incompétents », pour se distraire, d'abord, puis parce qu'ils sont « persuadés que la partie la meilleure et la plus originale des œuvres littéraires d'aujourd'hui n'a, au début du moins, aucune valeur commerciale, et que ce n'est qu'en réduisant les frais de production qu'il est possible de publier les ouvrages des jeunes écrivains qu'on ne connaît pas et qu'on n'achète pas encore [1] ». La première publication de la *Hogarth Press,* un mince volume intitulé : *Two Stories,* by Leonard and Virginia Woolf, parut en mai 1917, et, ayant été épuisée presque aussitôt, fut suivie, en 1918, du *Prelude* de Katherine Mansfield, encore inconnue ; en 1919, des *Poems* de T. S. Eliot et de *Kew Gardens* de Virginia Woolf ; en 1920 de *The Story of the Siren* par E. M. Forster et de *Paris: A Poem,* par Hope Mirrlees. Le succès venant, la *Hogarth Press* se transforma, cette même année 1920, en une maison d'édition véritable, et elle a publié, depuis lors, quelque vingt ou trente volumes par an, notamment des recueils de vers de Robert Graves, de V. Sackville-West et même de l'Américain E. A. Robinson ; des études critiques d'E. M. Forster et de Rose Macaulay, d'Edwin Muir et d'Herbert Read ; des traductions de Tolstoï, de Gogol, et de Tchekhov, de Sigmund Freud et de Rainer Maria Rilke ; jusqu'à des ouvrages d'économie politique ou de sociologie par H. G. Wells et J. M. Keynes, G. D. H. Cole et Kingsley Martin, pour ne citer que les plus notoires. Tous ces volumes, consacrés courageusement à des idées nou-

[1] *Foreword* to the second Edition of the Complete Catalogue of *The Hogarth Press,* 1928.

velles, originales, voire intransigeantes, ne visent certes pas à distraire le grand public, ni même à lui plaire ; ils ambitionnent de frapper l'élite intellectuelle, de stimuler un nombre restreint d'esprits déjà éclairés. Installée dans Bloomsbury, le grave quartier du Musée Britannique, des *boarding-houses* et des étudiants étrangers, sur la petite place paisible et ombreuse de Tavistock Square, la maison d'édition dirigée par Leonard et Virginia Woolf est devenue le centre d'un cercle un peu étroit sans doute, d'une « clique », comme disent les Anglais, d'une sorte de « chapelle littéraire » comme nous traduirions nous-mêmes, où le prestige personnel de la directrice est considérable. Virginia Woolf occupe une place de premier plan parmi ce groupe de *highbrows,* c'est-à-dire d'aristocrates intellectuels un peu hautains, un peu snobs même, qui ne s'intéressent qu'à ce qu'il y a de meilleur dans la littérature, la peinture et la musique — *altifrons aestheticus,* var. *severus* — qui sont, au demeurant, assez impopulaires, l'esthétisme ayant toujours servi à la satire anglaise, depuis le *Patience* de Gilbert et Sullivan notamment, de cible joyeuse. De santé délicate, notre écrivain vit dans un milieu distingué, et comme en marge de la vie banale, dans des pièces « trop modestes », comme elle dit elle-même, « pour être appelées des bibliothèques, bien qu'elles soient bourrées de livres », à échanger, avec un groupe d'esprits raffinés, des idées dûment réfléchies, à polir en outre, avec délices, quelque ouvrage qu'elle garde longtemps sur le métier. Du simple fait déjà des circonstances, la fille de Leslie Stephen et la co-directrice de la *Hogarth Press* se trouve donc à l'avant-garde du mouvement littéraire de l'Angleterre d'aujourd'hui.

II

Virginia Woolf critique littéraire

Comme il était naturel, Virginia Woolf, en même temps qu'elle aborde le roman, et ainsi que le fera de son côté sa compagne de lettres Katherine Mansfield, s'essaie à la critique. Elle fait paraître dans le Supplément Littéraire du *Times*, dans l'ancien *Athenœum*, auquel allait succéder le *Nation and Athenœum*, dans le *New Statesman*, dans le *London Mercury*, et aussi dans des revues américaines comme le *Dial*, la *New Republic* ou la *Yale Review*, un certain nombre d'études critiques, soit de simples comptes rendus d'ouvrages nouveaux, soit, à propos de telle réédition récente, ou de la célébration de tel centenaire, des essais plus importants, et tout personnels, sur des auteurs d'autrefois. Un recueil notamment, publié en 1925 sous le titre : *The Common Reader*, et dans lequel ont été réunies les meilleures de ces études, nous révèle en Virginia Woolf un talent d'analyste psychologique très réel, à la fois brillant et original.

Malgré son titre, emprunté, comme on le sait, à Samuel Johnson, ce « lecteur ordinaire » ne rappelle guère celui avec lequel l'honnête Docteur se réjouissait tant d'être pleinement d'accord parce qu'il « n'était pas encore corrompu par les préjugés littéraires », ni par le « raffinement de la subtilité ». En se désignant elle-même de la sorte, notre auteur semble avoir voulu indiquer plutôt qu'elle entend lire, non « pour corriger les opinions des autres ni pour leur communiquer son propre savoir », comme le font le critique et l'érudit de profession, mais pour son seul plaisir personnel. Quant aux idées qu'elle énonce ici, et qu'elle déclare « hâtives, inexactes et superficielles », ces idées ne laissent pas de la rapprocher, à certains égards, de Lytton Strachey, auquel est dédié le volume. La critique de Virginia Woolf, en effet, nous fait penser au pétillant auteur d'*Eminent Victorians,* de *Queen Victoria,* de *Portraits in Miniature,* à son urbanité si consciemment élégante, à sa raillerie précise et réfléchie, à son art subtil de faire bref, beaucoup plus qu'à la grandiloquence ou solennelle, ou tonitruante, mais aujourd'hui bien périmée, de l'autoritaire Docteur. Le nom et l'exemple de Samuel Johnson, invoqués à la première page du recueil, ne semblent pas l'avoir été, à vrai dire, sans quelque malice.

Ce ne sont point les maîtres de la littérature, ni encore moins les écrivains les plus populaires, qui requièrent d'abord l'attention de Virginia Woolf, mais les *dii minores,* les personnalités étranges, même bizarres, comme en marge du courant ordinaire de la vie, les *forgotten worthies* dont la gloire fut souvent modeste, et qui, pour la plupart, sont aujourd'hui retombés dans l'ombre. Sa curiosité se porte volontiers, par une sorte d'harmonie préétablie, vers les écrivains dont l'œuvre est avant tout originale, et dont elle se plaît, au cours de ses « studieuses flâneries nocturnes », à esquisser quelque portrait « hésitant et chaotique ».

Dans « la chambre de débarras » de la Renaissance élizabéthaine, par exemple, elle a remarqué les récits de voyage du navigateur Hakluyt, les cinq gros volumes où celui-ci, dans une langue drue, colorée et sonore ensemble, a rapporté ses aventures merveilleuses, et si profitables, aux pays des rubis, de l'émeraude et de l'or, l'immense ouvrage « tout bourré de bêtes marines, de cornes d'ivoire, de vieilles cartes, d'instruments nautiques », tout résonnant de cris sauvages et de la rumeur des océans lointains ayant exercé, sur l'imagination des jeunes écrivains du temps, une fascination véritable. Virginia Woolf s'intéresse aussi, « prodigieusement », à Sir Thomas Browne, au « sublime génie » de ce dilettante érudit du XVIIe siècle, « votre Sir Thomas Browne », ainsi que lui écrit plaisamment Katherine Mansfield, de cet humble médecin de Norwich qui, vers la fin de sa vie, allait être fait chevalier par Charles II, qui « collectionnait des monnaies, gardait des vers dans des boîtes, disséquait des poumons de grenouille, tolérait les Juifs », et qui « combinait une attitude scientifique et sceptique envers la plupart des choses avec une croyance malheureuse aux sorcières ». Tout l'enchante chez le prestigieux auteur de *Religio Medici*, d'*Urn Burial* et du *Garden of Cyrus* : l'exquis bric-à-brac de sa langue toute faite de préciosités fantasques, une sorte de prose poétique « merveilleusement contournée » ; son humour méditatif, et qui ne se complaît que dans la solitude, loin des bruits du monde ; sa pensée perpétuellement entortillée, sans doute, de réminiscences érudites et d'allusions compliquées, mais dont « l'égoïsme immense a frayé la voie à tous les romanciers psychologiques, autobiographes, amateurs de confessions et peintres professionnels des nuances rares de notre vie secrète ».

Virginia Woolf a voué la même affection à notre Montaigne, qu'elle place aussi sur le premier rayon de sa bibliothèque, et dont la compagnie lui est un perpétuel délice. Elle expose sa pensée : « Je n'enseigne point ; je raconte », en quelques pages savoureuses et elle découvre dans les *Essais*, avant tout, « le pouls et le rythme d'une âme, battant jour après jour, année après année, à travers un voile, qui, à mesure que le temps s'avance, s'affine à en devenir presque transparent ». Montaigne, « à force d'expérimentation et d'observation perpétuelles », lui semble avoir atteint à « un ajustement miraculeux de toutes ces parties perpétuellement changeantes qui constituent l'âme humaine ». Elle le considère, à l'égal de Sir Thomas Browne et de John Donne, comme « un grand maître de l'art de vivre », comme un de ceux qui « explorent leurs propres ténèbres, et non les surfaces brillamment éclairées des autres hommes », comme un des « garde-clefs de la solitude ».

Le dix-huitième siècle, avec certaines de ses qualités tout opposées : son élégance compassée, le poli de ses épigrammes si artificiellement acérées, ce qu'il y a de net, de rapide, de bien arrangé dans sa prose néo-classique et, dans sa pensée même, de futile et d'abstrait ensemble, séduit presque autant Virginia Woolf. Elle trace de jolis croquis de Defoe et d'Addison, le premier « indiscutablement grand » avec son courage, sa ténacité massive, sa véracité naturelle, et qui, dans ses portraits de femmes, de Moll Flanders et de Roxane par exemple, annonce à la fois Gissing et Meredith ; le second, plus grave malgré ses lèvres minces et son œil vif, tout féru de pureté morale, de gentillesse impeccable, et qui écrit comme il parle, avec la même aisance apprêtée et le même charme toujours un peu froid. Mais les écrivains du « deuxième rayon » la retiennent bien davantage, Evelyn, par exemple, « un excellent gentleman de la plus haute intelligence », presque un peu ennuyeux dans sa distinction même, qui se plaît à blâmer autrui, à faire l'important, qui est parfois trop sûr de ses mérites, de sa science inégalée en tout ce qui concerne les arbres, notamment, et les jardins. Ou encore le Dr. Bentley, le plus grand érudit de son siècle, mais le tempérament le plus batailleur que l'humanité ait jamais connu, dont les manières arrogantes et le véhément langage horrifiaient ses quelques amis au moins autant que ses adversaires innombrables. Parce qu'ils avaient osé n'être point de son avis en ce qui concerne l'orthographe de Malela, ou Malelas, ou sur l'emploi du mot *equidem*, celui-ci n'était qu'un « *homunculus eruditione mediocri, ingenio nullo* », celui-là « *a maggot, a vermin, a gnawing rat, a cabbage head* ».

Dans cette galerie de portraits si prestement esquissés, Virginia Woolf introduit quelques figures féminines choisies encore parmi les moins célèbres. C'est la folle et touchante Margaret Cavendish, par exemple, qui accompagne à Paris la reine Henriette-Marie pendant son exil, qui y épouse le Duc de Newcastle, et, de retour en Angleterre après la Restauration des Stuarts, continue de mener une existence extravagante, écrivant force ouvrages dont se moquent les gens raisonnables, remplis de pointes, « d'involutions et de contortions de tout ordre », à la fois excentrique et prude, « arrogante comme une Duchesse et irresponsable comme une enfant ». C'est Laetitia Pilkington (1712-1759), qui avait grandi à Dublin dans la maison du terrible Swift et qui mourra à Londres dans la prison pour dettes, après avoir fait toutes sortes de métiers aventureux, sans y avoir rien laissé ni de son désir de plaire ni de sa facilité à sangloter. C'est Lady Dorothy Nevill, qui, à quatre-vingt-sept ans, persistait à ignorer tout de l'orthographe, et n'avait jamais rien fait d'autre que « de porter de la nourriture à sa bouche et de laisser glisser l'or entre ses doigts ». Ou encore la douce Mary Mitford, au père si odieux, lequel, lorsqu'il mourut enfin, laissa un tel arriéré de dettes qu'il fallut vendre tout ce qui restait dans la maison, et s'en remettre à la charité des amis.

De ces personnages, tous ondoyants et divers, Virginia Woolf trace des portraits délicats, un peu menus sans doute, un peu anémiés même quelquefois, mais toujours exquis. Elle ne les approfondit guère à la vérité. Elle ne descend pas jusqu'aux quelques traits simples qui constituent la plupart des caractères humains. Elle vise, non à la synthèse, mais à l'analyse seulement, et à la plus svelte dont elle soit capable. A grand renfort de brèves citations, précises et jolies en elles-mêmes, et qu'elle encadre de commentaires allègres, elle esquisse un petit nombre de silhouettes choisies, telles que se les représente son imagination, pittoresquement, mais fragmentairement, sous tels de leurs aspects qui l'ont frappée davantage, son critère étant de « respecter son goût instinctif, et de le suivre sans crainte de rien ». La sympathie joue ici le premier rôle, qu'accompagne un certain besoin de générosité, et même le désir, dirait-on, de rendre pour un court moment une étincelle de vie à des êtres à jamais disparus. La plus méchante critique, écrit quelque part Virginia Woolf, « est celle qui dessèche les tissus vivants de la littérature au point de n'en plus faire qu'un mince réseau squelettique ».

En même temps qu'elle se plaît ainsi à évoquer certaines personnalités qui ont éveillé en elle une sympathie spéciale, Virginia Woolf aime à évoquer l'atmosphère d'une époque en quelques traits discrets, à définir les relations entre un conteur et son auditoire, à étudier les jeux d'influence, dans quelle mesure l'esprit individuel d'un écrivain a participé à la qualité de son temps, comment il l'a subie ou y a résisté, comment, le cas échéant, il l'a modifiée à son tour. Lectrice vorace, et qui se souvient de ses lectures, elle entreprend même d'assez ambitieuses reconstructions historiques. Dans l'essai qui ouvre son recueil: *The Pastons and Chaucer,* elle fait revivre devant nous toute la famille des Pastons, qui habitent, aux quatorzième et quinzième siècles, leur château du Norfolk. La mère, Margaret, écrit à son mari John, que ses affaires retiennent à Londres, de longues lettres tranquilles, détaillées, positives. Le fils, après la mort du père, se montre singulièrement plus prodigue ; il est orgueilleux, quoique bon pour les autres ; et, au lieu de s'occuper de son domaine, qui périclite, il préfère s'attarder longtemps à lire, auprès de la haute cheminée fumeuse de sa grande salle délabrée, les contes du bon Chaucer, grâce auquel la vie redevient belle, puisque le poète, « qui a lié amitié avec les renards, les ânes et les poules », n'a point son pareil pour « se moquer des pompes et des cérémonies de la vie », puisque, « spirituel, intellectuel, français », il s'appuie, en même temps, sur « une base si large d'humour anglais ».

Mais ici encore, et même dans ces esquisses d'ensemble, Virginia Woolf ne fait intervenir aucun principe préétabli. Elle n'essaie d'appliquer aucune formule impersonnelle, ni encore moins d'aboutir à aucune généralisation synthétique. Dans cette critique littéraire, nous ne trouvons, à la lettre, que des essais, c'est-à-dire, selon la définition même qu'elle nous en donne quelque part, des morceaux, brefs ou longs, mais « destinés à faire plaisir au lecteur », à le tenir en éveil, à « le mettre dans une sorte d'extase qui n'est pas le sommeil, mais plutôt une intensification de la vie, à le faire se chauffer, toutes ses facultés en alerte, au soleil de la joie ». Virginia Woolf ayant achevé sa lecture, à laquelle elle ne dissimule pas qu'elle a consacré beaucoup de temps, son imagination entre en jeu. Elle nous apporte ainsi des jugements sans doute rigoureusement médités, mais surtout des impressions spontanées, souvent discursives, parfois même hasardeuses, des pages alertes, spirituelles, faites de touches menues, de tours et retours toujours si prestes, où le détail, d'un cerne fort adroit, abonde pourtant en suggestions subtiles qui le débordent de toutes parts, où chacune des phrases semble posséder le brillant des perles et la fraîcheur de la rosée tout ensemble. Loin de faire jamais de sa critique littéraire un simple examen objectif, ce à quoi elle se refuse en arguant malicieusement que « son insuffisance sur ce point saute tellement aux yeux qu'il est superflu de la signaler », Virginia Woolf la transforme en une création originale. Les écrivains qu'elle étudie lui servent de motifs seulement. La critique de Virginia Woolf, qui lui permet d'exprimer son sens de la qualité, son goût, c'est-à-dire « l'état particulier de sa sensibilité », est avant tout impressionniste. Dans ses doigts d'artiste, cette critique demeure essentiellement un art.

III

« *Le point de vue russe* »

Si la tradition littéraire anglaise attire ainsi la curiosité ingénieuse de Virginia Woolf, la littérature moderne de la Russie, qui en semble l'antipode, éveille en elle un intérêt bien plus puissant, presque une fascination, puisqu'elle n'hésite pas à affirmer qu'« écrire d'aucun roman en dehors du roman russe est une simple perte de temps ». On sait la vogue immense qu'obtint en Angleterre le roman russe qui, juste dans le même temps que le bergsonisme y tournait les esprits vers le mouvement, l'élan, même l'enthousiasme qui sont au cœur vivant des choses, conquérait, de 1910 à la fin de la guerre environ, l'élite du monde intellectuel. Tandis que l'influence des réalistes et naturalistes français, de Balzac et Flaubert à Maupassant et à Zola, marquait d'une empreinte profonde nombre de romanciers anglais, qu'elle les attirait, de Gissing à Arnold Bennett, de George Moore à Somerset Maugham, vers les réalités apparentes, tristes et sombres, de la vie sociale, vers l'observation implacable, « scientifique », de la « bête humaine » ; tandis, d'autre part, que s'y faisait également sentir le besoin français de clarté logique et d'unité, de netteté intellectuelle, même d'ironie et d'aisance savante, à la manière de Mérimée ou d'Anatole France, le roman russe, qui en prend le contre-pied presque absolu, qui s'intéresse surtout à la vie spirituelle de l'homme, qui pousse cette attention fervente, presque mystique, portée à la complexité profonde de nos désirs et de nos instincts jusqu'à la foi dans les puissances élémentaires de l'âme, qui s'exprime enfin dans une langue abondante, désordonnée, souvent tumultueuse, le roman russe donc déferle brusquement sur l'Angleterre, et semble l'inonder tout entière. Des traductions de Tolstoï et de Tourgueniev d'abord, puis de Dostoïevsky et de Tchekhov paraissent de toutes parts, et leur retentissement est tel que John Middleton Murry les compare aux « traductions mémorables de jadis, au Plutarque de North, sous Elizabeth, au Shakespeare de Schlegel à la fin de l'« Aufklärung », le roman russe, ajoute le critique anglais, « nous ayant révélé un royaume inconnu de l'esprit, et ayant ouvert à la conscience humaine des étendues nouvelles à explorer [1] ».

[1] Cité par le *Times Literary Supplement, Dostoievsky and the Novel,* June 5, 1930, p. 465.

Virginia Woolf participe pleinement à cette exaltation, à cette sorte de vertige que fait naître dans les esprits d'outre-Manche l'« effarant » roman russe qui vient d'être découvert. Non seulement les milieux où elle fréquente s'intéressent de fort près à cette révélation, Leonard Woolf, par exemple, ayant traduit en collaboration avec S. S. Kotelianski, et publié à la *Hogarth Press,* en 1921, les *Note-Books of Anton Tchekhov,* mais elle-même, en collaboration avec le même auteur, publie la *Stavrogin's Confession* en 1922, les *Talks with Tolstoi* de Goldenveizer et *Tolstoi's Love Letters* en 1923. Dans le *Common Reader* enfin, elle publie une étude entière intitulée : *The Russian point of view* où elle passe en revue l'œuvre de ceux qu'elle considère comme les trois plus grands romanciers de la Russie : Tolstoï, Dostoïevsky et Tchekhov.

Tolstoï, qu'elle appelle « le plus grand de tous les romanciers », lui semble « un aristocrate-né, et qui ne laisse rien perdre de tous ses privilèges ». Elle nous montre ce qu'il y avait, chez ce grand seigneur terrien inculquant à ses moujiks des préceptes moraux, « de fier et de superbe dans son assaut contre la vie ». Elle met en relief son « idéalisme ennemi de toute compromission », sa force irrésistible, son désir intransigeant de mener son existence selon les lumières de sa conscience, de ne faire que ce qui est juste. Une sorte de crainte s'introduit néanmoins dans le plaisir que lui procure cette œuvre puissante. « Des trois grands écrivains russes, ajoute-t-elle, c'est pour Tolstoï que nous sentons le plus d'attrait et le plus de répulsion ».

Si « la vie domine Tolstoï, c'est l'âme d'autre part », estime Virginia Woolf, « qui domine Dostoïevsky », dont l'œil était halluciné et minutieux, dont le champ de vision était infiniment plus étroit, mais dont l'épilepsie galvanisait les intuitions en autant d'élans passionnés. Ses romans apparaissent à l'écrivain anglais comme des « tourbillons bouillonnants, des tornades de sable, des trombes d'eau qui sifflent, écument, et nous engloutissent. Ils sont composés purement et simplement de la substance de l'âme. Nous y sommes attirés malgré nous, happés, aveuglés, étouffés, et, en même temps, transportés d'un vertigineux enchantement ».

De même, la première impression que Virginia Woolf emporte de la lecture de Tchekhov est « non de simplicité, mais d'effarement ». Jamais d'intrigue conventionnelle ici, ni de conclusion attendue. Les personnages demeurent à la dernière page du livre ce qu'ils étaient dès la première ligne, sans que rien ait été résolu. L'œuvre est faite, semble-t-il, de notes éparses : l'ensemble n'en constitue pas moins une harmonie réelle, et qui révèle un goût à la fois original et exquis, capable de choisir hardiment, d'organiser toutes choses en un équilibre de la plus subtile délicatesse.

Or, le « point de vue russe » que Virginia Woolf reconnaît également chez ces trois écrivains est leur préoccupation commune pour la vie de l'âme. « L'âme, écrit-elle, est le personnage principal du roman russe ». Ce que traduit avant tout ce roman, c'est « une révérence naturelle pour l'esprit humain, une sympathie, non de l'intelligence, ce qui est facile, mais du cœur, pour tous ceux qui souffrent », riches et pauvres ensemble, chaque être vivant étant une manière de saint dans son effort constant pour atteindre le but le plus haut qu'il puisse se fixer à lui-même. Dans ce roman, qui nous apporte la voix même de l'âme, rien ne semble plus admirable à Virginia Woolf que la puissance régénératrice de la douleur qui s'y trouve exaltée, la vie y apparaissant comme une somme d'humiliations et de joies, comme une suite alternée plutôt de visions d'horreur et d'extases, de péchés démoniaques et d'angélique amour, de remords et de renoncements, le vice n'étant que l'étape nécessaire de la purification définitive. « C'est l'âme seule qui importe dans le roman russe, écrit-elle, sa passion, son tumulte, son étonnant mélange de beauté et de bassesse ».

Les différences sont donc sérieuses, poursuit Virginia Woolf, qui séparent les deux littératures, la russe et l'anglaise. Alors que la première, où dominent la pathologie et le mysticisme moral, est une sorte de cheminement à travers les dédales souterrains de l'âme, la seconde, au contraire, est faite surtout « de satire sociale et de finesse psychologique », laissant ainsi une place considérable à la forme, aux grâces et à la variété de l'art littéraire proprement dit. « L'âme est une étrangère pour le lecteur anglais. Elle lui est même antipathique. Elle n'a guère le sens de l'humour, et pas du tout le sens comique. » « Le roman anglais, d'autre part, a besoin d'un milieu solide ; il est enclin à la satire plus qu'à la pitié ; il aime la sécheresse brillante. Les plus fameux romans eux-mêmes ne sont que clinquant et qu'artifice ». Aussi le roman anglais a-t-il tout intérêt à s'ouvrir largement à l'influence du roman russe, consacré uniquement, celui-ci, à la description des incertitudes, des angoisses, du frémissement ténébreux de l'âme. En venant se mettre à cette école, les romanciers d'Angleterre pourront espérer découvrir un nouveau panorama de l'esprit, abattre les barrières de la convention qui obstruent trop souvent encore leur regard, et révéler à leurs lecteurs, dans sa vérité vivante, « ce fluide agité, cette substance précieuse, qui ressemble à un nuage, à de la levure », et qui s'appelle une conscience humaine.

Il est un aspect important du roman russe, néanmoins, sur lequel Virginia Woolf fait des réserves très nettes, et qui l'empêche de s'abandonner, comme l'ont fait tant de ses contemporains, à l'admiration aveugle. Le roman russe, remarque-t-elle en effet, est « immensément triste ». Tandis que la musique et la danse russes, on l'a noté souvent, expriment la vitalité formidable des masses populaires, le tumulte grouillant des foires ou les rumeurs des camps nomades par exemple, le roman s'applique surtout à l'étude des « endroits sombres de la psychologie », et à la peinture de « la grande misère des hommes ». Il évoque, très spécialement, l'uniforme grisaille de l'immense steppe aride. Le roman anglais, tout au contraire, de Sterne à Meredith, et même, en un sens, depuis Chaucer, témoigne de l'intérêt que porte la bourgeoise Angleterre aux joies saines de l'existence, à la nature féconde, à l'homme qui tire de l'art de vivre le meilleur avantage, à la comédie et à l'humour, « aux activités de l'intelligence et à la splendeur des corps ». Et plus encore que la joie, la fiction romanesque d'outre-Manche exalte la fierté de vivre. Elle décrit la beauté de la lutte, la grandeur de l'effort, la mâle volonté de mettre de l'ordre en soi-même. « Là où un Russe dira : *frère,* l'Anglais, remarque Virginia Woolf, emploiera le mot *compagnon* (*mate*), qui évoque, non la pitié misérable, mais la saine robustesse d'un partenaire de travail, qui semble ainsi plus représentatif des facultés actives de l'âme. De sorte que notre écrivain anglais, avec tout son attachement pour les romanciers russes, n'en éprouve pas moins une certaine résistance devant leur œuvre de cauchemar et de frénésie, et que son goût de la lucidité condamne ce qu'elle trouve en eux de surexcitation nerveuse, trop souvent morbide, d'idéologie trop purement irrationnelle. Les « nécromanciens russes » sont trop loin de la réalité expérimentale pour qu'elle ne se sente pas quelque peu à la gêne au milieu d'eux, pour que quelque chose en elle ne proteste pas contre leur vision hallucinée de la vie.

L'éloge que fait Virginia Woolf de Joseph Conrad, le grand Polonais anglicisé auquel elle consacre un article entier dans *The Common Reader,* et qui détestait foncièrement les caractères irrésolus et irresponsables si chers aux romanciers russes, nous en fournit une preuve de plus. Les héros qu'elle préfère dans l'œuvre de Conrad sont ceux des premiers romans : *Youth, Lord Jim, Typhoon* entre autres, ceux-là seuls qui dirigent leur vie à l'aide de « quelques idées très simples » : l'honneur, la magnanimité, la loyauté, toutes qualités proprement viriles, « ceux-là qui sont forts, parce qu'ils ignorent aussi bien le doute que l'espérance, parce qu'ils connaissent le rude labeur, les privations, la violence, la débauche, mais non la crainte, parce qu'ils sont assez virils pour mépriser en leur cœur les voix sentimentales qui lamentent la dureté de leur destin ». La valeur des romans de Conrad réside surtout, aux yeux de Virginia Woolf, dans ces portraits d'hommes qui, de même qu'ils triomphent presque toujours des forces élémentaires de la nature déchaînée, apportent, pour lutter contre les tempêtes de leurs cœurs, la volonté, tenacement rationnelle dans son héroïsme même, de ne s'y soumettre jamais.

IV

Virginia Woolf et les romancières du XIXe siècle

Les portraits des quatre grandes romancières : Jane Austen, les sœurs Brontë et George Eliot, qui figurent également dans *The Common Reader* nous renseignent encore davantage sur le désir « de vivre en présence de la réalité », sur le besoin de finesse et de sincérité ensemble dans l'observation qui constituent l'un des traits marquants de la personnalité de Virginia Woolf.

Chez Jane Austen, notre critique admire surtout « l'équilibre parfait de ses dons littéraires », la claire santé qui émane de l'œuvre entière. Elle note son « sens impeccable des valeurs humaines », la patience et la netteté délicieuses avec lesquelles elle décrit les trivialités de l'existence. « L'outil principal de Jane Austen, poursuit-elle, est le génie comique », son esprit n'ayant d'égal que la perfection de son goût, et les stratagèmes étant innombrables dont elle dispose pour éviter l'aventure, les scènes de vice ou de passion brutale. Aussi la vie paraît-elle à la romancière, dans sa grisaille monotone, un « délice exquis », et réussit-elle, avec une grâce d'où semble absent tout effort, à faire passer dans chacune de ses œuvres cette joie si rare qu'elle prend à la vie quotidienne. « Jane Austen glisse de mélodie en mélodie comme Mozart glissait d'une chanson à une autre chanson ». « Elle est la plus parfaite artiste parmi les femmes, l'écrivain dont les livres sont immortels. »

Chez les sœurs Brontë, au contraire, tout n'est que malheur et qu'exaltation, que le développement d'une assertion fondamentale : « J'aime, je hais, je souffre ». La personnalité des deux femmes, plus étroite que celle de Jane Austen, est dominée surtout par la véhémence. Rien de tranquille ici, rien de raffiné, de discret seulement, mais de la gaucherie, qui demeure toujours un peu farouche, une ardeur parfois féroce, une flamme trouble, comme « le rouge et toujours changeant éclat du feu du cœur ». Charlotte et Emily Brontë, et Emily bien plus encore que Charlotte, sont des poètes avant d'être des romancières, qui créent plus qu'elles n'observent. En décrivant des orages sur des landes venteuses, ce sont les puissances éternelles de la fatalité qu'elles évoquent. Leur effort principal consiste « à transcender la vie, à la délivrer de la dépendance des faits ».

Pour George Eliot enfin, Virginia Woolf éprouve la plus large, la plus intelligente sympathie. Elle ne manque pas de reconnaître son absence complète de charme. Elle décrit son long visage aux traits massifs, presque redoutables, sa froideur, son manque de simplicité naturelle, son dogmatisme entêté, sa tolérance elle-même demeurant toujours comme agressive. Elle souligne, sans doute, la valeur sans pareille de sa peinture de la vie rustique, le charme de ses tableaux de l'Angleterre agricole, si pleins d'énergie et de chaleur humaine, et dans lesquels la romancière a exprimé « la paix, la beauté, la simplicité de ses souvenirs d'enfant ». La tristesse domine cette œuvre néanmoins, qui n'est peut-être que le reflet d'une individualité durement, presque tragiquement conquise. Toutes les femmes qui y figurent luttent pour leur indépendance intellectuelle et morale, et cette lutte, en dépit de leur courage, se termine le plus souvent par un échec, sinon par un compromis lamentable, plus affligeant encore que la défaite. A chaque page de l'œuvre se retrouve « cette âme inquiète, cette présence exigeante, interrogatrice, jamais satisfaite, George Eliot elle-même ».

V

Virginia Woolf et le féminisme contemporain

Ce besoin « de plus de connaissance et de liberté » qui est à la base de l'œuvre de George Eliot est aussi l'une des idées maîtresses de Virginia Woolf elle-même. Si elle vient déposer, pieusement, « le laurier et la rose » sur la tombe de la grande romancière victorienne, c'est que « la conscience ancienne de la femme, accablée de sensibilité et de douleur, et muette depuis tant de siècles, semble affleurer en ses ouvrages, les submerger, et exiger quelque chose, elle ne sait quoi exactement, qui est peut-être incompatible avec les réalités de l'existence humaine ». C'était cette même soif de personnalité indépendante qui avait également frappé Virginia Woolf dans l'égoïsme fiévreux des sœurs Brontë, et qu'elle retrouvait, en outre, au cours d'une étude récente consacrée à *Aurora Leigh,* dans l'ardeur et l'abondance tumultueuse d'Elizabeth Barrett Browning, celle-ci toujours prête à s'évader des conventions, familiales et sociales à la fois, qui l'emprisonnaient, à entrer en lutte contre toutes les tyrannies, et, avec son mauvais goût, son ingénuité compliquée, son impétuosité incohérente, à se précipiter « tête baissée, l'âme en avant », vers la vie libre [1].

Ayant été invitée enfin à venir parler devant les étu-

[1] ***Aurora Leigh, The Yale Review,*** Summer 1931. L'article a été republié, avec quelques suppressions curieuses, dans le *Times Literary Supplement* du 2 juillet 1931.

diantes des grands collèges féminins de Newnham et de Girton, à Cambridge, « des femmes et du roman », Virginia Woolf en a profité pour exposer avec quelque détail ses idées personnelles sur le féminisme contemporain. Les conférences furent données en octobre 1928, et le texte initial, d'où ces conférences avaient été extraites, fut publié en 1929, sous le titre symbolique : *A room of one's own* (*Une chambre à soi*). Avec mille détours encore, subtils et pittoresques à l'accoutumée, Virginia Woolf se pose ici en champion déclaré de la liberté féminine.Constatant que les femmes d'Angleterre ont, depuis toujours, écrit « comme parlent les dames, pour donner du plaisir », qu'elles sont demeurées strictement fidèles à leur devoir, « qui est de recevoir et de divertir », et à leur instinct, « qui est de dissimuler », elle estime que l'heure est venue de changer tout cela.

Les limitations de la femme, que Virginia Woolf reconnaît pleinement, lui paraissent facilement explicables. Elle les attribue à l'état d'asservissement où a été maintenue son intelligence, à la tyrannie que les hommes ont fait peser sur « le beau sexe » depuis des siècles, « les femmes n'étant que de grands enfants », ainsi que le murmurait Lord Chesterfield à l'oreille de son fils ; « un homme de bon sens batifole avec elles, joue avec elles, fait leurs caprices et les flatte, mais rien de plus ». Les hommes d'aujourd'hui ne prétendent plus, sans doute, que la femme leur est inférieure : le désir n'en demeure pas moins établi chez eux de garder sur elle leur supériorité. Ajoutez que les femmes elles-mêmes sont, pour une bonne part, responsables de cette assurance superbe de leurs compagnons. Elles se sont complu aisément dans cette subordination purement passive. Elles se sont modelées sans répugnance sur les désirs, sur les exigences de l'homme. Elles ont cédé à la joie de plaire, fût-ce par la flatterie et la ruse. Reprenant une idée chère à l'ami de son enfance, Meredith, Virginia Woolf insiste sur le fait que « les femmes ont servi, au cours des siècles derniers, de miroirs possédant la magique et délicieuse puissance de réfléchir la personne de l'homme avec deux fois sa grandeur naturelle ». Mais le jour est venu où, selon le mot de Meredith encore, il faut que l'homme dépasse, à l'égard de la femme, le point de vue oriental, qu'il renonce à faire de la chasteté et de l'ignorance féminines une pureté d'une abstraction tout artificielle. Il convient que les femmes, surtout, énoncent elles-mêmes leurs arguments, qu'elles décrivent, à leur manière, « leur côté de la bataille ». C'est à elles qu'il incombe de prouver, estime Virginia Woolf, par leurs paroles et leurs écrits d'abord, que leur infériorité est une idée fausse, puis de montrer par leurs actes qu'elles se refusent à être considérées plus longtemps comme « le sexe protégé », le « sexe faible », qu'elles sont décidées à obtenir, en un mot, le reclassement des valeurs humaines.

De là le programme féministe qu'élabore Virginia Woolf à l'usage de ses jeunes auditrices de Newnham et de Girton. Elles se garderont d'abord des attitudes bruyantes, brutalement combatives, des allures supposées viriles, des prétentions à la supériorité, « toute cette opposition de sexe à sexe, de qualité à qualité appartenant au stage scolaire de l'existence humaine, où il y a des « camps », et où il est nécessaire qu'un camp batte l'autre ». Elles reconnaîtront que les deux sexes sont différents, et que le rôle de l'éducation consiste précisément à fortifier ces différences, plutôt que les ressemblances mêmes, puisque « ce serait mille pitiés que les femmes se missent à écrire comme les hommes, à ressembler aux hommes, car si deux sexes sont tout à fait insuffisants déjà, étant données l'immensité et la variété du monde, comment nous en tirerions-nous avec un sexe seulement ? » Ceci entendu, que la femme moderne, d'autre part, ne se borne plus aux seules exigences de son cœur ; qu'elle cesse de se cantonner dans les débats sentimentaux, d'être, comme on a pu l'en accuser, « le grand risque de l'homme de valeur ». Puisqu'aussi bien nous sommes tous, plus ou moins, bisexués, qu'en « chacun de nous deux puissances président, une mâle et une femelle, qu'en un cerveau d'homme c'est l'homme qui prédomine sur la femme, et, dans un cerveau de femme, la femme sur l'homme », que ces deux puissances donc vivent en harmonie, « en une coopération spirituelle ». « Un grand esprit, avait affirmé déjà Coleridge, est androgyne, et c'est quand se produit la fusion des deux éléments que l'esprit est pleinement fertilisé, et trouve l'emploi de toutes ses facultés. »

Au surplus, les hommes ont cessé d'être, depuis longtemps, « le parti adverse ». Les mœurs ont imposé déjà des transformations si profondes dans le domaine politique et économique à la fois ; des privilèges si nombreux, nous l'avons vu, ont été accordés aux femmes qu'il est puéril de parler encore du « demi-mépris et de la demi-révérence » où elles sont tenues. Qu'elles persévèrent, tenaces mais souples, dans la voie où elles ont fait, en moins d'un siècle, de si immenses progrès. Qu'elles exigent seulement que leur appartienne, presque symboliquement, *a room of their own*, « une chambre à elles », où elles seront libres de se retirer, de se mettre à l'abri des revendications et des tyrannies de leur famille, de travailler selon leur goût, « sans être heureuses, ainsi que l'était la pauvre Jane Austen, dont le travail s'accomplissait dans la salle commune, en cachette de tous les membres de la famille, qu'une charnière grinçât et lui permît de cacher sous un buvard la page en train ». Que cette chambre où elles pourront penser par elles-mêmes, et, « puisque la liberté intellectuelle dépend de choses matérielles », où elles pourront gagner aussi les cinq cents livres par an qui leur sont indispensables, ressemble à « l'arrière-boutique » du cher Montaigne : qu'elle soit un signe de leur détachement, de leur calme libre, quelque chose qui affirmera que le droit féminin est définitivement établi. Sans que leur féminisme conscient ait rien atténué en elles de leur féminité profonde, que les femmes se montrent désormais capables, non seulement de *sentir* la réalité avec toute la puissance de leurs instincts, mais de la *comprendre* aussi de toute leur intelligence, de vivre, en face d'elle, une vie de confiance et d'effort.

VI

La culture intellectuelle et la vie

On voit où aboutit la culture intellectuelle de Virginia Woolf, et comment cette conception du féminisme, qui en est le couronnement, est caractérisque de sa personnalité tout entière. On connaît le joli crayon qu'a tracé de notre écrivain le peintre Jacques-Emile Blanche : « D'une beauté délicate, toute fragile ; son visage est mobile comme ses fines mains fébriles qu'elle se passe sur le front, emmêlant les franges de cheveux dont on ne sait s'ils sont gris ou blonds. Des yeux couleur d'hématite, noirs et bleus; une bouche mignonne, comme un pois de senteur un peu recroquevillé, est prête à rire ou à pleurer [1]. » Or cette femme, de santé plutôt frêle, qui a écrit « sur la maladie », sur « le drame quotidien du corps » et son utilisation à la fois morale et artistique, un essai comme tout embué de la plus rêveuse poésie [2], possède en outre une culture qu'elle déclare « désordonnée et superficielle » seulement, mais qui est immense. Lucide, avertie, elle s'est intéressée à toutes les idées nouvelles, elle n'a cessé de les peser, de faire le départ entre leur nouveauté et leur vérité sincère. Elle a apporté à cette tâche une compréhension souriante, une tolérance mêlée parfois d'un peu d'ironie ingénieuse, une maîtrise de soi toute rationnelle, un charme aussi et une

[1] Jacques-Emile BLANCHE, *Entretien avec Virginia Woolf, Les Nouvelles Littéraires*, 13 août 1927.
[2] *On being ill, The New Criterion*, January 1926.

puissance de suggestion essentiellement féminins. La vie l'attire sans doute, avec son mouvement et ses variations constantes, la vie profonde surtout, considérée comme un renouvellement perpétuel des réalités de l'âme. Mais elle n'entreprendra de la représenter qu'après s'être imposé à elle-même un long et patient entraînement intellectuel, destiné à discipliner sa sensibilité, qui est « vaste, avide et libre », qui se nourrit, « comme une plante qu'on vient de mettre au grand air, de toutes les lumières et de tous les sons qui l'approchent ». Loin de se lancer, comme tant de ses contemporaines, dans un lyrisme éperdu qui n'est que « le balbutiement de leurs instincts », de s'abandonner à ses impressions irréfléchies et ses enthousiasmes, elle a prétendu fonder son œuvre romanesque sur une série d'études critiques qui lui ont appris à peser, à mesurer avec loyauté l'effort de ses prédécesseurs, qui l'ont rendue capable de juger avant que de créer. Elle a fait de sa critique un effort pour se connaître, pour s'éprouver elle-même au contact d'autrui, pour « ordonner la multitude de ses impressions », pour atteindre à cette « inconscience supérieure qui signifie que la conscience est stimulée à son plus haut point ». Bien que nul n'ait senti plus vivement que notre intellectuelle « avancée » ce qu'il y a de « stable, de permanent, d'original » chez les tragiques grecs, de vérité intense, compacte et claire, dans les dialogues de Platon, qu'elle lit, nous avoue-t-elle, « sans se soucier en aucune manière de la précision grammaticale », toute cette culture dont elle est, tant du fait des circonstances extérieures que de sa volonté propre, si profondément imprégnée, n'a en rien amoindri son goût de la réalité vivante. Comme le lent travail apporté à l'expression d'une idée ne fait, en maintenant l'élan de cette idée dans certaines limites, qu'en accroître la vigueur, la discipline littéraire que Virginia Woolf s'est imposée à elle-même en écrivant ses études critiques a rendu plus ferme encore sa détermination « d'exprimer le courage, la sincérité, l'originalité immense de notre temps ».

CHAPITRE III

Le roman de Virginia Woolf : Sa substance

LES essais critiques de Virginia Woolf ne représentent qu'une sorte d'avant-propos de son œuvre, que le travail d'approche de sa production romanesque, à laquelle nous arrivons. Notre auteur y a fait, à son insu peut-être, un apprentissage de premier ordre, tant à cause de la valeur des modèles qu'elle s'est plu à étudier que par la pénétration qu'elle a apportée à cette étude. Une érudition délicate s'y manifestait à chaque page, mais surtout une inspiration sincère, née « des haines et des gratitudes » qu'éveillent en elle certains auteurs. Ces qualités, moins proprement critiques que créatrices déjà, acheminaient donc Virginia Woolf vers l'expression plus directe de sa personnalité, vers la forme plus large, plus riche, plus nuancée qu'est le roman.

Et ici cette personnalité s'épanouit tout entière. La tradition littéraire, sans doute, a contribué largement à la constituer : la réalité présente y occupe une place autrement considérable. Le jugement scrupuleux que Virginia Woolf a formé et assoupli au contact des œuvres du passé, elle prétend l'appliquer aux hommes et aux choses d'aujourd'hui, car elle est de ces lectrices « qui ne le cèdent à personne dans leur respect pour les morts, mais qui sont tourmentées de l'idée que le respect pour les morts est lié d'une manière essentielle à la compréhension des vivants ». Estimant en outre que l'art vit en grande partie de renouvellement, elle ambitionne de tenter à son tour des expériences, et elle déclare que « le romancier d'aujourd'hui doit avoir le courage de dire que ce qui l'intéresse n'est plus *ceci*, mais *cela* ; et c'est avec *cela* seulement qu'il lui faut construire son œuvre ».

Aussi l'une des caractéristiques de l'œuvre romanesque de Virginia Woolf est-elle la recherche de l'originalité, presque la volonté de découvrir, dans la vieille demeure, des chambres nouvelles. Dans cette exploration, notre romancière va manifester une confiance en soi, une audace même qui ira croissant avec chaque œuvre. Du roman traditionnel d'où elle part, de l'instrument banal dont se contentèrent ses aînés, elle s'efforce de tirer des effets encore inconnus. Elle va demander au roman d'exprimer avant tout, et avec une précision grandissante, sa vision individuelle de la vie.

I

Les deux premiers romans :
The Voyage Out *et* Night and Day

Le premier roman de Virginia Woolf, *The Voyage Out,* qui parut en 1915, est un simple vol d'essai. Il raconte la croisière que fait, à bord d'un navire curieux, l'*Euphrosyne*, un groupe d'Anglais un peu bizarres, parmi lesquels figurent au premier plan Mrs. Helen Ambrose et sa nièce Rachel Vinrace ; puis le séjour des mêmes personnages dans un petit port étrange de l'Amérique du Sud, non loin de l'embouchure de l'Amazone. Le thème central du livre est l'éclosion tourmentée d'une âme de jeune fille. Rachel Vinrace, qui a perdu sa mère dès son enfance, et que son père, riche armateur, homme d'affaires énergique et distant, a confiée à deux vieilles tantes, a été élevée strictement. Elle souffre de la solitude où elle a grandi. C'est une jeune fille aux joues pâles, aux traits incertains, aux grands yeux gris « tout pleins de questions ». C'est une frêle sensitive que son besoin de sincérité absolue rend timide et gauche, qui hésite en parlant, qui ne sait s'arrêter à une décision, qui vit enveloppée dans un rêve confus, que le feu qui couve au profond de son être imprègne d'une indolente langueur. Seule la musique des vieux maîtres, Bach et Beethoven, pour lesquels elle se passionne, est capable de la faire sortir, quelquefois, de sa mélancolie inquiète.

Or la vie que Rachel Vinrace découvre progressivement, au hasard d'une conversation ou d'une rencontre, suscite en elle une angoisse véritable. Les problèmes qu'elle y entrevoit, qu'elle aborde avec la fraîcheur encore entière de ses sentiments, lui paraissent insolubles. Avec son désir anxieux de la vérité, elle veut arracher les voiles qui se jouent autour des apparences, « lever le couvercle qui lui semble recouvrir la simple surface des choses ». Elle s'éprend de Terence Hewet, sans que la joie de ses fiançailles la délivre de sa torture. La vie continue d'être pour elle une immensité mystérieuse où les hommes, tels des « icebergs solitaires », n'arrivent point à communiquer les uns avec les autres. Rachel tombe malade, et meurt bientôt de la fièvre, sa jeune âme ardente toujours insatisfaite. « Elle désirait beaucoup plus de choses que l'amour d'un seul être humain, la mer, le ciel. Elle regardait les lointains bleus du ciel, qui étaient si lisses, si sereins à l'endroit où le ciel s'unissait à la mer ; il ne lui était pas possible de ne désirer qu'un seul être humain. »

Autour de ce thème un peu ténu, mille fils s'entre-croisent, qui essaient de tisser une trame plus substantielle, qui n'y réussissent qu'assez imparfaitement, à la vérité. En dehors de Rachel Vinrace, les caractères, celui d'Helen Ambrose, par exemple, la tante de Rachel, grande, aux larges yeux vifs, belle encore avec ses quarante ans, romantique, un peu excentrique même ; ou de Terence Hewet, lui aussi beau garçon, mais qui, dès sa sortie de Cambridge, s'est mis à vagabonder à travers le monde, incapable d'offrir aux événements la moindre résistance, les caractères donc sont saisis d'une prise encore précaire, comme observés du dehors seulement. Les situations, assez étranges, qu'il s'agisse de la vie à bord de l'*Euphrosyne*, ou dans la villa écartée des Ambrose, ou à l'hôtel de Santa Marina, un ancien monastère abandonné où s'ébat aujourd'hui une colonie d'Anglais fort hétéroclite, sont dépeintes avec un soin minutieux, l'auteur prétendant y découvrir, comme elle le ferait en examinant au microscope une simple goutte d'eau, « un tumulte de fouettements, de cinglements, d'éclaboussements d'animalcules », toute l'agitation profonde de la vie psychologique. L'ensemble, pourtant, manque de vigueur. Notre romancière y émerge seulement de sa chrysalide. C'est encore son *Voyage Out,* sa première croisière, une sorte de voyage à l'aventure qu'elle nous décrit. Ce n'est que dans les cinquante dernières pages du volume que l'intérêt se concentre enfin sur le caractère principal du roman, sur les obsessions dont est tourmentée de plus en plus la pauvre Rachel, à l'heure même qu'elle s'achemine vers la mort.

C'est aussi une jeune fille qui est le personnage central du second roman de Virginia Woolf publié en 1919, et qui s'intitule *Night and Day*. Katharine Hilbery, qui a vingt-sept ans, est une fille unique qui appartient à l'une des familles des plus distinguées de l'Angleterre, son grand-père maternel, Richard Alardyce, ayant été un des poètes éminents de sa génération, son père lui-même, érudit en renom, ironique et triste, préparant, tout à loisir, une édition nouvelle de l'œuvre de Shelley. Très instruite elle-même, Katharine aide sa mère, si fantasque et tendre celle-ci, à écrire la biographie du grand homme de la famille, mais, mathématicienne en même temps, elle prend un plaisir bien plus vif à analyser ses sentiments personnels, et elle apporte dans cette analyse un besoin d'exactitude presque scientifique.

Grande, bien découplée, Katharine Hilbery manifeste dans sa démarche une aisance alerte. C'est elle qui dirige la maison, avec sa disposition autoritaire, son sens pratique, cette allure décidée même qui la fait, lorsqu'elle s'assied au coin du feu pour y fumer une cigarette, croiser les jambes d'un geste presque masculin. D'un tempérament froid, et « typiquement septentrional », elle aime les jours gris sans soleil, elle méprise les abricots et les pêches, qui portent en eux tout l'été, et elle préfère, à la splendeur lumineuse du Titien, la surhumaine grandeur des marbres du Parthénon rapportés par Lord Elgin. Ignorante de la passion, elle se tourne volontiers, par contre, vers la contemplation austère. Elle hait les livres où les auteurs ne font qu'étaler leurs sentiments. Elle hésite elle-même à s'exprimer. « Elle s'enferme dans les réduits les plus écartés de son être, où sa solitude a pu si longtemps demeurer inaperçue. » « Quelle égoïste, comme elle est distante », pense d'elle une de ses amies pauvres, « non par ses paroles, mais par sa voix, par son visage, par son attitude, par cet esprit délicat et pensif qui s'y manifeste, par sa sensibilité toute neuve encore et si profonde qui imprègne ses pensées et ses actes, qui enveloppe ses manières comme d'une habitude de douceur ».

Or Katharine Hilbery est attirée, en même temps, vers deux hommes. L'un, Ralph Denham, est un jeune avoué aux joues maigres, aux lèvres minces, aux paroles abruptes et impérieuses. Fils aîné d'une humble famille, c'est un travailleur acharné, tout ignorant des usages du monde ; c'est une âme « anguleuse et virulente », tournée seulement vers les aspects sérieux de l'existence. A l'endroit de Katharine, à laquelle il reproche la luxueuse aisance où elle vit, et jusqu'à la distinction de ses robes, Denham ne manifeste d'abord qu'une « hostilité critique » qui non seulement se refuse à reconnaître le charme réservé et même la beauté grave de la jeune femme, mais qui est animée du « désir sauvage de la blesser ». Peu à peu cependant, un grain de folie s'insinue dans son « sang-froid de Spartiate ». Des rêves romantiques naissent en son esprit. Denham continue d'hésiter longtemps, malgré tout. Il a peur de l'écart qu'il sait exister entre la Katharine de son imagination, et la réalité. Il s'acharne à élargir encore cette distance, « celle qui sépare le dévot de l'image qui est sur l'autel ». Mais il doit bientôt s'avouer vaincu. Katharine emplit « le cadre de son rêve de la chair de la vie ». Elle déborde, de toutes parts, son rêve lui-même.

En face de Ralph Denham, Virginia Woolf nous présente le portrait de William Rodney, qui en est tout l'opposé. Celui-ci est un poète délicat, mais un peu ridicule d'aspect avec sa mise impeccable, la perle qui brille dans sa cravate, et son teint rouge. Il aime les tableaux et la musique, les éditions originales et les fleurs de prix. D'une honnêteté foncière, ingénu, presque puéril encore, il s'est épris follement de Katharine en laquelle il découvre la personnification de la beauté même. « Il ne peut la voir entrer dans une pièce sans qu'elle éveille en lui le sentiment du flottement des robes, de l'éclosion des fleurs, du mouvement des vagues de la mer, de toutes les choses élégantes et changeantes à la surface, mais si calmes et passionnées dans leur profondeur. » De fait, Katharine s'est fiancée à lui dans un moment d'abandon brumeux de son esprit, « un jour que rien n'avait plus ni sa forme ni sa taille exactes », comme « dans un effort désespéré pour se réconcilier avec les faits ». Mais l'heureux fiancé apporte dans son amour une si évidente appréhension que Katharine ne tarde pas à s'inquiéter de son côté. Elle résiste longtemps à cette inquiétude. Elle discute âprement avec elle-même. Si elle convient que William Rodney est « moitié un poète, moitié une vieille fille », Ralph Denham déclare en outre n'apercevoir en lui qu'« un petit maître à danser aux joues roses, qu'un âne baragouineur avec une tête de singe comme on en voit sur les orgues de Barbarie ». Un soir enfin, emportée par un flot de confusion, de soulagement, de certitude, d'humilité, de désir de ne plus lutter, de ne plus établir de scrupuleuses différences, Katharine se laisse glisser dans les bras de Ralph, et lui avoue son amour.

Le roman, qui ne compte pas moins de 538 pages serrées, nous rapporte par le menu soit les conversations de Katharine avec ses parents et ses amis, soit les longs monologues intérieurs de la jeune femme, au cours desquels elle s'évertue à peser, à déterminer les raisons qui la poussent tantôt vers l'un, tantôt vers l'autre des deux hommes. Lequel aime-t-elle ? Ou plutôt, est-elle capable d'aimer ? Virginia Woolf décrit avec un soin particulier le besoin qu'éprouve son héroïne d'arriver à une solution, sa maîtrise d'elle-même, l'extraordinaire clarté de vision qu'elle semble posséder, mais, en même temps, le tumulte d'aspirations au milieu duquel elle se débat. Sa réserve hautaine n'est qu'une manière de laisser dans l'ombre « un continent entier de son âme ». Quand elle consent, un soir, à raconter à Ralph l'histoire de son amour pour lui, le jeune homme a l'impression « qu'il vient de franchir le seuil et d'être admis dans l'immensité à peine éclairée d'un autre esprit, tout peuplé de fantômes si grands, si indistincts, qui ne se révèlent que par instants, qui aussitôt reculent vers les ténèbres, et s'y engouffrent ».

Sous une intrigue apparemment plus simple, on trouve dans *Night and Day* plus de subtilité appliquée que dans *The Voyage Out,* un besoin de guetter, de ne rien laisser échapper des détails de l'expérience psychologique. L'analyse des multiples états d'esprit de Katharine est même si méticuleuse que le lecteur éprouve parfois le sentiment d'une certaine surcharge dialectique, de quelque encombrement dans le dialogue, de certaines longueurs qui ne paraissent point toujours indispensables. L'auteur n'a pas encore appris, comme elle ne tardera plus à le faire, à choisir. Si on a pu la rattacher à la grande tradition du roman anglais, « s'il est impossible », au jugement de Katherine Mansfield, par exemple, « de ne point comparer *Night and Day* avec les romans de Jane Austen [1] », qui, elle aussi, aimait tant réunir ses personnages autour d'une table de thé afin de les observer de très près, et de nous les décrire tout à loisir ; si, d'autre part, avec l'ironie souriante dont la peinture satirique de certains milieux londoniens se trouve ici enveloppée, le présent roman ne laisse pas de nous rappeler la manière même de Thackeray, sa tendresse et son sarcasme ensemble, il faut reconnaître aussitôt que l'originalité de Virginia Woolf y apparaît déjà en plein relief. Ce que vise à peindre avant tout notre

1 *Novels and Novelists, op. cit.*, p. 108.

romancière, c'est non les gestes conscients ni les actions volontaires de ses personnages, mais leur vie profonde, où dominent les forces éternelles que l'homme ne dirige point, auxquelles il ne saurait même résister. L'objet principal de son roman est d'essayer d'éclaircir le mystère individuel d'une âme.

Malgré les différences enfin que présentent les deux premiers romans de Virginia Woolf, *The Voyage Out,* avec sa conclusion lamentable, et *Night and Day,* avec son heureux dénouement, si opposés même que paraissent les deux caractères principaux, la charmante et romantique Rachel, et la hautaine et méditative Katharine, de nombreux points communs ne laissent pas de rapprocher ces deux œuvres. L'atmosphère qui y règne, qu'il s'agisse de la bourgade perdue de Santa Marina, ou de l'élégante demeure de Cheyne Walk est identique. Le monde n'est qu'« un bloc de matière, et ses habitants ne sont rien que d'éphémères taches lumineuses ». « Nous ne savons pas où nous allons, ni ce que nous désirons et poursuivons les yeux fermés, souffrant en secret, toujours surpris et confondus, ignorant tout. » Ce sont les sentiments seuls qui font tout l'être, les sentiments qui sont « comme le sang qui chante dans nos veines », ou « l'eau du ruisseau qui jaillit entre les pierres ». « Nous ressemblons à des bulles lumineuses, des *auras* ; tout ce que nous pouvons voir les uns des autres, c'est une petite tache, telle une mèche au milieu de la flamme » ; nous sommes comme « des lumières dans une tempête, au milieu même d'un ouragan ». Dans cette « complication et confusion effrayantes », la solitude des êtres demeure totale. Impossible de faire entrevoir seulement à autrui « la bataille en miniature qui se livre si souvent au profond de nous, entre deux impressions consécutives ». Les dialogues des amants eux-mêmes ne traduisent que leurs efforts pour descendre plus avant dans les ténèbres de leur âme propre, pour atteindre le plan mystérieux, insondable « des choses irréelles qui sont dessous les gestes de la vie ». Aussi leur silence est-il plus révélateur encore que leurs paroles. Comme Terence Hewet, le fiancé de la pauvre Rachel, Virginia Woolf voudrait écrire des romans *Sur le Silence,* « c'est-à-dire sur les choses qu'on ne peut pas exprimer ».

II

Les trois grandes œuvres : Jacob's Room, Mrs. Dalloway *et* To the Lighthouse

Puis, à intervalles très rapprochés, en 1922, 1925, et 1927 respectivement, parurent trois romans de premier ordre, où Virginia Woolf se montre en pleine possession, désormais, de tous ses moyens. La méthode qu'elle a développée avec la diligence scrupuleuse que nous avons vue, porte ici tous ses fruits. Un nouveau départ, à mieux dire, s'effectue, comme si, assurée dorénavant de sa force, notre romancière se lançait délibérément vers une étape plus lointaine que celles qu'elle avait encore atteintes. Un mince recueil de nouvelles intitulé *Monday or Tuesday,* publié dans l'intervalle, en 1921, nous signale précisément le tournant de la route.

Un grand changement s'y manifeste en effet, dès les premières pages. Ici, au lieu d'un caractère central comme celui de Rachel Vinrace ou de Katharine Hilbery, nous rencontrons un certain nombre de personnages anonymes, assez indécis, à peine esquissés. Au lieu d'une intrigue régulière, construite sur le plan traditionnel, on ne nous rapporte qu'une succession d'événements insignifiants, dont nous saisissons mal la portée, qu'une suite plutôt de pensées, de sentiments subtils, et qui ne servent évidemment que de prétexte aux développements de notre délicate analyste.

Dans *A Haunted House,* par exemple, il ne s'agit nullement de fantômes horribles, mais d'une ancienne demeure abandonnée où flotte une atmosphère mystérieuse, que revisite parfois, dans le profond de la nuit, l'ombre de deux amants, morts depuis des siècles, et qui viennent y rechercher un trésor enterré à jamais : la lumière de leurs jeunes cœurs. *An Unwritten Novel,* c'est le roman qu'improvise notre auteur à propos d'une inconnue rencontrée dans le train d'Eastbourne, qu'elle imagine lamentablement malheureuse, et la découverte ironique de l'erreur totale où l'avait entraînée sa trop prompte fantaisie. La nouvelle intitulée *The String Quartet* essaie de transposer en mots et en images le brouhaha d'une salle de concert, puis la série d'impressions que produit, sur une auditrice raffinée, une symphonie de Mozart. Dans *Kew Gardens,* Virginia Woolf nous décrit surtout les jeux de la lumière et de l'ombre qu'elle a observés sur un parterre de roses du grand jardin public londonien, le ruissellement du soleil sur les pétales clairs et les cailloux lisses et gris, la goutte de pluie suspendue à une branche, et qui se balance à la brise, tandis qu'un escargot trace sur le tronc d'un arbre un sillage argenté, et qu'un couple passe, qui parle d'amour.

Le sujet, on le voit, n'existe plus du tout ici. Le lecteur est baigné dans un flot qui court. Il est enveloppé du parfum des fleurs, du bruit d'ailes des oiseaux et des insectes. Son attention est maintenue constamment aux aguets par la multiplicité même des impressions que l'auteur s'efforce de susciter en lui. Les pièces diverses qui constituent le recueil de *Monday or Tuesday* ont pu être comparées à des « morceaux cassés de verre de couleur [1] », à travers lesquels la réalité apparaît transfigurée. L'élan imaginatif ne vient plus s'associer seulement à l'observation de la réalité psychologique : il la domine, et la dirige. La vie, ainsi que Virginia Woolf l'écrivait elle-même à propos des *Wuthering Heights* d'Emily Brontë, « a été libérée de la dépendance des faits ».

Ses expériences à présent terminées, notre romancière se met donc résolument à l'ouvrage, et *Jacob's Room* qui paraît en 1922, est une œuvre de tous points originale. Un héros principal, ici, Jacob Flanders, occupe à nouveau le centre du roman. Nous ne le connaissons guère, à la vérité. Nous l'entrevoyons seulement, de-ci, de-là. Nous

[1] L'expression est de Dudley CAREW, *Virginia Woolf, The London Mercury*, May 1926, p. 41.

l'apercevons, non tel qu'il est, mais tel qu'il apparaît surtout à ses amis, eux-mêmes parfois étranges. Nous n'avons de lui que des vues fragmentaires, assez souvent même contradictoires.

Quand le roman s'ouvre, Jacob est un garçonnet un peu bizarre, de huit ans environ, qui joue sur une plage, quelque part en Cornouailles, qui essaie d'attraper un crabe, et qui s'obstine, malgré les remontrances de sa mère, à rapporter à la maison une vieille mâchoire de mouton aux dents jaunies qu'il a découverte dans une crevasse. Puis, une dizaine d'années s'étant écoulées, nous retrouvons Jacob à Cambridge, où il est censé poursuivre ses études. Nous le rencontrons dans le hall, ou sortant de la chapelle de Trinity College. Nous le suivons un dimanche de mai, chez Mrs. Plumer, la femme d'un *don* qui l'a invité à déjeuner, où il est arrivé avec beaucoup de retard, où il est « mal à l'aise, bougon, laissant paraître son manque d'aisance et de confort intellectuel ». Le voici encore dans sa chambre, assis sur le rebord de la fenêtre, par une tiède nuit de printemps, fumant silencieusement sa pipe en regardant les étoiles, tandis que les derniers coups de l'horloge du collège ronronnent doucement autour de lui. « Jacob songe à la vieillesse des bâtiments et du temps ; à lui-même, l'héritier ; puis au lendemain ; puis à ses amis ; et, à cette dernière pensée, il bâille et s'étire, de confiance et de joie ensemble, dirait-on. »

C'est à l'âme de Jacob, c'est aux mille sentiments imprécis et mystérieux qui la constituent que s'intéresse surtout Virginia Woolf. Elle nous montre le jeune homme, maintenant installé à Londres, rêvant longuement sur l'impériale d'un omnibus qui descend Oxford Street, ou s'attardant au milieu de Waterloo Bridge. Elle l'évoque au cours d'une promenade en mer, en compagnie de son camarade Timmy Durrant, essayant de lire Shakespeare au large des Iles Scilly, ou visitant le parc de Versailles, ou parcourant seul l'Italie et la Grèce, et tombant amoureux, lui qui était resté gauche et emprunté devant la délicieuse Clara Durrant, de la belle, ardente et tragique Mrs. Williams qu'il a rencontrée dans un hôtel d'Olympie. Et ces quelques gestes de lui qui nous sont seulement rapportés, quelques bouts aussi de la conversation à bâtons rompus à laquelle il prend part, ou dont il fait l'objet, suffisent à évoquer dans notre esprit une figure assez fuyante sans doute, mais, dans sa complexité même, d'une personnalité, d'une vie indéniables.

Jacob nous apparaît comme un beau garçon solidement bâti, avec de grands yeux bleus et des manières timides, dont la distinction est très réelle en dépit de la maladresse de ses gestes, ses chaussettes non tirées et sa cravate médiocre n'étant qu'un des aspects de son total détachement du monde. C'est un jeune homme intelligent et cultivé d'autre part, qui a lu Homère, Shakespeare et tous les Elizabéthains, et qui prise, presque également, Spinoza et Dickens. Le Jane Austen qui se trouve sur le rayon de livres de sa chambre de Trinity « représente le goût de quelqu'un d'autre », le Carlyle n'est qu'« un livre de prix », mais le Spenser a été souvent, et amoureusement feuilleté, et le gros dictionnaire grec lui sert surtout à conserver des pétales, aujourd'hui pâlis et soyeux, de coquelicots. Jacob est un rêveur, un silencieux, toujours occupé, comme au temps de son enfance, à poursuivre des papillons, et qui laisse sa vie glisser entre ses doigts, sans qu'il daigne faire le moindre effort pour la retenir. C'est un inquiet, qui a souvent l'air ennuyé, comme s'il avait été frustré de quelque chose, qu'il serait facile de déclarer stupide, à cause de la gêne qu'il semble éprouver à exprimer ses sentiments, mais qui, de fait, choisit de s'enfermer en lui-même, et que ravit par dessus tout (*tremendously*) le plaisir d'être seul. C'est une manière de « cheval sauvage »: « galoper tant qu'on le peut ; s'abattre épuisé sur le sable ; sentir que tout tourne autour de soi ; avoir, positivement, des élans d'amitié vers les pierres et les herbes, comme si c'en était fini de l'humanité ; quant aux hommes et aux femmes, qu'ils aillent se faire pendre ! » Personnage énigmatique donc, tantôt bourru, morose, renfrogné et qui pousse son désir de fermeté jusqu'à l'obstination insolente, tantôt hésitant, vacillant, distrait, mélancolique, qui évoque alternativement l'idée « d'un amiral britannique ou d'un pêcheur de Margate sans travail ». Quand la guerre éclatera, Jacob, qui a alors vingt-six ans, disparaîtra mystérieusement. Il ne restera de lui que quelques souvenirs dans le cœur de ses amis, que quelques papiers qui traînent dans sa chambre en désordre, qu'une paire de vieux souliers dont sa mère se demande, à la dernière page du livre, ce qu'elle va faire.

Jacob Flanders est moins un héros qu'une collection d'impressions multiples. Les rares événements auxquels il est mêlé n'ont d'autre objet que de nous révéler son âme sous tel éclairage approprié, que de lui fournir, en quelque sorte, un peu de substance concrète, le soin étant laissé au lecteur d'en reconstituer, d'après les suggestions qui lui sont fournies, l'unité ici volontairement éparse. « Il est inutile », écrit à propos de lui Virginia Woolf, « d'essayer de résumer les individus. On ne peut que suivre certains indices, non pas exactement ce qui est dit, et non pas entièrement non plus ce qui est fait ». Le personnage de Jacob n'est qu'une succession de fragments animés d'un mouvement rapide, qui seul les coordonne. Et c'est ce mouvement continu, imprimé à des éléments discontinus, qui exprime, aux yeux de notre romancière, la réalité même de la vie spirituelle.

Le roman suivant, *Mrs. Dalloway* (1925) est une application encore plus rigoureuse de la théorie psychologique qui est à la base de l'œuvre romanesque de Virginia Woolf. Le portrait de Clarissa Dalloway qui nous est ici offert semble, au premier regard, aussi subtil, aussi enveloppé de brumes glissantes que celui de Jacob Flanders lui-même. Clarissa, qui nous est dépeinte au cours d'une seule journée de juin, de dix heures du matin, où elle sort pour aller choisir elle-même les fleurs destinées à la grande réception qu'elle offre ce soir-là, à trois heures du matin suivant, où ses invités se retirent, est la femme d'un membre influent du Parlement, Richard Dalloway. C'est une dame de qualité, que nous avions entrevue déjà dans *The Voyage Out* où, « avec son corps svelte et pâle, avec son mince visage alerte, elle ressemblait à une mouette ».

C'est une très grande dame aujourd'hui, « qui rappelle étrangement les figures de Reynolds et de Romney », d'une élégance des plus raffinées, un peu snob même ; une « maîtresse de maison parfaite », ainsi qu'ironise son vieil ami, le mélancolique Peter Walsh, mais qui a gardé « un peu de l'oiseau en elle, du geai bleu-vert, léger, vif, bien qu'elle ait plus de cinquante ans, et qu'elle soit devenue très blanche depuis sa maladie [1] ». Typiquement anglaise, elle est pénétrée en outre de cet orgueil patriotique qui lui rendrait insupportable d'appartenir à une autre nation, et il y a beaucoup en elle de Dalloway, beaucoup de cet esprit de classe parlementaire, de cette notion altière du bien public qui ont fait longtemps une des forces principales de l'Empire britannique.

C'est moins la distinction mondaine, cependant, impeccablement élégante, de Mrs. Dalloway qui intéresse notre romancière que sa personnalité unique et « toute féminine ». « Clarissa avait ce don extraordinaire, ce don des femmes, de créer un monde à elle partout où elle se trouvait. Elle entrait dans une pièce, elle s'arrêtait sur le seuil d'une porte, un groupe autour d'elle. Mais c'était de Clarissa qu'on se souvenait. Non pas qu'elle fût remarquable, pas belle le moins du monde, aucun pittoresque, ne disant jamais rien de très intelligent : mais elle était là, elle était

[1] Nous utilisons, dans les citations qui vont suivre, la traduction française de *Mrs. Dalloway* de S. David (Stock, 1929), laquelle, malgré quelques erreurs de détail assez graves, a su préserver dans son ensemble la délicatesse du texte original.

Consulter également la brillante préface qu'André Maurois a écrite pour cette traduction, et l'étude pénétrante d'Edmond Jaloux, *Au pays du roman*, 1931, pp. 183-198.

là ». Surtout, elle aime la vie, de toute son âme vibrante, dans la multiplicité de ses aspects changeants, la vie à la campagne, parmi les fleurs, mais le mouvement des rues de la capitale tout aussi bien. « Dans les yeux des hommes, dans leurs pas rapides, leurs piétinements, leur marche pénible ; dans le fracas, dans le vacarme ; voitures, autos, omnibus, camions, hommes-sandwich traînant et oscillant ; fanfares ; orgues de barbarie ; dans le triomphe et dans le tintement et dans la chanson étrange d'un aéroplane au-dessus de sa tête, il y avait ce qu'elle aimait : la vie, Londres, ce moment de juin. »

Clarissa, qui est ainsi capable de prendre à toutes choses un plaisir immense, demeure, en même temps, toujours inquiète, « seule pour toujours ». Sa jeunesse lui revient par bouffées douloureuses. Peter Walsh, qui l'aima autrefois fervemment, et qu'elle a refusé, qui, à cause d'elle, « de sa froideur, de sa pruderie, de son manque de cœur », est parti pour les Indes, qui a fait, à bord même du navire qui l'emmenait, un malencontreux mariage, et a gâché sa vie, son vieil ami Peter Walsh vient de revenir en Angleterre, et il lui rend visite le matin même de la fameuse réception, tandis qu'elle recoud une robe verte, réveillant ainsi d'un coup les fantômes troublants du cher passé. Son mari, Richard, « un petit homme gris, sérieux, net, bien mis », « un homme simple et chaste parce qu'il avait beaucoup marché et chassé, opiniâtre, obstiné, qui avait soutenu la cause des opprimés et agi avec droiture à la Chambre des Communes, un homme resté pur, mais devenu un peu silencieux, un peu tout d'une pièce », son mari l'aime sans doute, mais à sa manière un peu épaisse, un peu bornée, sans oser le lui dire jamais, sans la comprendre. Sa fille, Elizabeth, qui a dix-sept ans, est douce, réfléchie, tranquille. Elle a des yeux chinois dans un visage pâle. « Enfant elle avait eu un esprit amusant, mais à présent, elle était devenue très sérieuse ; elle était pareille à une jacinthe, dans sa gaîne d'un vert luisant, portant des boutons à peine teintés, une jacinthe qui n'a pas eu de soleil ». Préférant à tout son fox-terrier, se moquant des invités de sa mère, et même de ses propres robes, elle aurait voulu qu'on la laissât à la campagne faire ce qu'elle voulait, avec son père et ses chiens. Ni auprès de sa fille ni auprès de son mari, Clarissa ne trouve donc la joie harmonieuse qui eût comblé ses désirs, qui l'eût empêchée de « sentir un vide au cœur de la vie ».

Dans la société qui l'environne, Sir William Bradshaw, par exemple, le grand neurologue en renom, n'est au vrai qu'un solennel charlatan. Le Premier Ministre, qui a accepté de venir à la réception, est « un pauvre homme chamarré d'or et qui essaie d'avoir l'air de quelqu'un ». Miss Kilman, la maîtresse d'histoire d'Elizabeth, est lourde, laide, commune, sans grâce ni beauté, honteuse d'être pauvre ; l'âme toute rongée de rouille par l'injustice dont elle s'estime la victime, elle déclare à son élève qu'elle a un droit véritable aux égards que lui témoignent les Dalloway ; dévote aigrie, elle est tourmentée, au surplus, de désirs troubles. Et la candide Miss Pym elle-même, la marchande de fleurs au visage tout boutonneux, a les mains d'un rouge si vif qu'elles « semblent avoir séjourné dans l'eau avec les fleurs ». Qu'il s'agisse encore du malheureux ménage des Warren Smith, lui, Septimus, un brave garçon qui est revenu de la guerre à demi-fou, qui est perdu dans ses rêveries hallucinées, qui s'accuse de crimes horribles, et entend, dans la nuit, les morts qui chantent, elle, Lucrezia, la jeune Italienne « aux grands yeux dans un pâle visage pointu », qui a voué à son pauvre mari malade une si patiente et douloureuse tendresse, tous et toutes constituent, aux yeux de Mrs. Dalloway, un spectacle navrant, presque désespérant. Le contraste est si cruel entre la douleur de vivre, dont elle est environnée de toutes parts, et le besoin de joie qui continue de bondir en elle, entre le vide de son existence mondaine d'aujourd'hui et les souvenirs de sa jeunesse à Boulton, au temps où Peter Walsh la trouvait « ravissante, romanesque, évoquant un pré ou la moisson anglaise », que l'angoisse envahit lentement son âme. Lorsqu'elle apprendra, au cours de sa soirée, par Lady Bradshaw elle-même, que Septimus Smith, persuadé qu'un médecin aliéniste était à sa poursuite, s'est jeté par la fenêtre et s'est tué, elle éprouvera un malaise subit. Elle se retirera dans son boudoir, à méditer sur la misère odieuse de sa propre existence. Qui sait même si, à l'exemple du pauvre maniaque, la grande dame, dans la terreur véritable qui l'obsède, n'ira pas, elle aussi, jusqu'au suicide ?

Et c'est dans la description précise des faits menus qui se déroulent ainsi dans l'âme de Clarissa que réside l'intérêt capital de *Mrs. Dalloway,* l'une des œuvres les plus représentatives de Virginia Woolf. Ce qu'a voulu y montrer notre romancière, c'est, selon son expression même, « la vérité sur notre moi, sur notre âme qui habite des mers profondes et navigue, comme un poisson, entre des choses ténébreuses, se faufile entre les troncs des algues géantes, traverse des espaces pointillés de soleil, et s'enfonce dans l'obscurité froide, profonde, impénétrable ». A la surface, sans doute, tout est clarté légère, tout est bavardage gracieux, comme une vague allègre, que le vent ride. Clarissa Dalloway, dans son hôtel de Westminster, parmi le remous élégant de sa soirée, est une grande dame que semblent préoccuper uniquement « le rang et la société, et le succès mondain », dont « le visage rose, le corps délicat, l'air de distinction et de fraîcheur » exaspèrent l'hypocrite Kilman, qui la déteste : « Sotte ! Idiote, pensa Miss Kilman. Vous n'avez connu ni joies ni chagrins ; vous avez passé votre vie dans la frivolité ! » A Peter Walsh, qui a failli l'épouser il y a quelque vingt-cinq ans, qu'on trouve un peu original, en lequel on sent quelque chose de caché, qui est un gentleman, « ce qui se voyait à la manière dont il vidait sa pipe », qui est demeuré si tendrement sentimental, si charmant et ridicule, « une jeune fille n'ayant pas un grain de bon sens pouvant faire de lui ce qu'elle voulait », Clarissa paraît, au contraire, presque uniquement rigide et froide, ne se relâchant jamais, droite comme une flèche, avec quelque chose de dur, d'arrogant, de prude dans sa manière, avec une sorte de timidité qui, dans l'âge mûr, était devenue de la convention. Ses façons mondaines, affables, peu sincères, la représentent sous son pire aspect : elles masquent ce qu'il y a en elle de positif, de solide, son esprit, un des plus complètement sceptiques que Peter Walsh eût jamais rencontrés, pénétrant comme une lame à travers toutes choses, affirmant qu'il n'y a pas de Dieu, que personne n'est coupable, et qu'il ne faut faire le bien que par amour du bien. Mais, à côté de cette « infernale partie d'elle-même, de cette froideur, de cette insensibilité, de ce quelque chose d'impénétrable en elle », à quoi se heurte si douloureusement le pauvre Peter Walsh, il y a enfin, chez Clarissa, une vitalité « indomptable », un « courant de vie dont la force, l'endurance, la puissance de vaincre et de conduire triomphalement au but sont incomparables ». Le goût de la vie domine en elle, de « la vie seule, de chaque moment, de chaque goutte de la vie ». Elle accueille avec hardiesse tous les bonheurs que lui apportent ses yeux et ses oreilles. Elle aime à se plonger au cœur même du moment, qui s'enfuit déjà. Elle est toujours prête à frémir au moindre souffle qui passe. Certains moments, le jour, par exemple, où elle se retrouve en présence de son vieil ami, de son cher Peter, elle entend gronder dans son sein « un tumulte de panaches aux éclairs d'argent, d'herbes des pampas sous un ouragan tropical ». Jamais elle n'est tout à fait contente, tout à fait tranquille. « Elle s'énerve de sentir un monstre, une brute remuer en elle, de sentir dans son âme, au profond de cette forêt encombrée de feuilles, des griffes se planter, et d'entendre des rameaux craquer. »

Ce sont ces aspects multiples, et superficiellement incohérents, c'est cette figure de Clarissa Dalloway, si transparente à la fois et si énigmatique, que Virginia Woolf semble avoir voulu évoquer surtout dans l'esprit de son lecteur. Elle nous montre le jeu alterné des rayons et des ombres où se meut son héroïne, le flux et le reflux de ses impressions, joyeuses ou tristes, qui, semblables à des vagues — une des images favorites de notre écrivain — « se rassemblent, se soulèvent, et retombent, se rassemblent et retombent, et le monde entier semble dire : « C'est tout », avec une force de plus en plus grande, si bien que même le cœur, dans le corps étendu sur la plage, dit aussi : « C'est tout ». « Ne crains plus, oh ! ne crains plus rien », dit le cœur qui remet son fardeau à la mer, une mer qui soupire innombrablement pour tous les chagrins, et qui recommence, se soulève et retombe. Et le corps resté seul écoute l'abeille qui passe, la vague qui se brise, le chien qui aboie au loin ». Les brefs monologues intérieurs, dans lesquels le personnage principal du roman expose, à propos de quelques faits et gestes tout ordinaires, et comme en une série d'instantanés psychologiques, les variations les plus ténues de sa conscience, abondent sans doute en contradictions, en illogismes, en détours et retours de toute sorte. Le passé s'y allie avec le présent, si intimement même qu'on ne l'en saurait distinguer, l'instant qui fuit contenant, dans son espace étroit, l'immensité immobile des heures mortes. La vie luxueuse, apparemment si tranquille, que mène Mrs. Dalloway n'en cache pas moins nombre d'aspirations insatisfaites, et impossibles du reste à satisfaire, des élans réprimés sans faiblesse, mais des émois aussi toujours poignants, une sérénité, « une dignité inexprimable, une cordialité délicieuse, comme si, ayant atteint le bord, l'extrémité des choses, elle souhaitait du bien au monde entier et prenait congé », mais en même temps une tristesse amère, qui découvre le creux, le faux-semblant de tout, qui ne retrouve plus la joie d'autrefois, du temps, par exemple, où elle rêvait, à Boulton, les soirs de lune, sur la terrasse ; « de même une sirène voit, dans son miroir, le soleil se coucher sur les vagues, par un soir très clair ». Sans que Clarissa, dans le décor élégant de son hôtel de Westminster, cesse jamais d'être « la plus parfaite des hôtesses », son regard laisse percer, sous sa gravité gracieuse, telle une flamme qui trouerait par endroits la mince enveloppe des conventions, l'ardeur jaillissante et débordante de son âme profonde.

Mrs. Ramsay, le caractère principal de *To the Lighthouse* (1927), semble être une sœur de Mrs. Dalloway, et ce nouveau roman étudie, lui aussi, le problème mystérieux de l'existence, l'anxiété qui pèse sur l'âme de certains êtres.

Le roman se compose de trois parties, nettement séparées. La première, *The Window,* décrit les vacances d'été que passent sur les côtes écossaises, dans l'île de Skye, face aux Hébrides, Mr. et Mrs. Ramsay, avec leur famille et leurs invités .La vieille maison délabrée qu'ils occupent, au fond de la baie que domine un phare, est toute bruyante des voix, des jeux, des éclats de rire, des querelles de leurs huit fils et filles, « tous bien poussés, anguleux et terribles », auxquels un des hôtes, incapable de les distinguer, et de savoir leur ordre de succession, avait donné des surnoms de rois et de reines d'Angleterre : Cam la

Mauvaise, James l'Implacable, Andrew le Juste, Prue la Belle, par exemple. Les invités, eux aussi, sont tous très différents les uns des autres. Le jeune Charles Tansley, un élève et admirateur de Mr. Ramsay, est l'objet de dérision des enfants à cause de ses manières rêches, de son pédantisme hargneux, de « sa façon acide de dépouiller de chair et de sang tout ce qu'il touchait » ; il ne sait pas jouer au cricket ; « il a des façons fouineuses et fuyantes », et, avec ses airs sarcastiques, convient Andrew le Juste lui-même, « n'est qu'une brute ». William Bankes est un grave botaniste, qui a dépassé la soixantaine, un veuf très scrupuleux et très propre, qui sent le savon, que distinguent l'impersonnalité de ses manières et la blancheur scientifique dont il semblait être vêtu ; Auguste Carmichael, au contraire, qui « serait devenu un grand philosophe s'il n'avait fait un fâcheux mariage », est souriant et dédaigneux ; il reste étendu toute la journée sur la pelouse, ruminant ses vers, et finissant par ressembler à un chat qui guette des oiseaux. Au nombre des invités de Mr. et Mrs. Ramsay figure encore un jeune couple de fiancés : Minta Doyle, une fille qui ressemble à un garçon, qui a toujours un trou dans son bas, qui saute droit dans les ruisseaux et y patauge, qui n'a peur de rien, sauf des taureaux, et Paul Rayley, dont les façons sont délicieuses comme sont délicieux son nez aigu et ses yeux bleus brillants ; et surtout Lily Briscoe, une artiste peintre de trente ans passés, indépendante et triste, avec ses petits yeux de Chinoise et sa figure plissée, qu'on ne remarque point, qui, avec ses cheveux bien tirés en arrière et sa robe grise, semble vraiment insignifiante, chez laquelle il y a pourtant « une veine de quelque chose, une flamme de quelque chose, de quelque chose bien à elle que Mrs. Ramsay aimait en vérité beaucoup, mais qui, elle le craignait, ne plairait à aucun homme [1] ». Tous, enfants et invités ensemble, emplissent la maison de leurs allées et venues, de leurs conversations, de leurs personnalités qui se heurtent, de leurs différences d'opinion. Tous contribuent à lui donner, avec « leurs battes de cricket, leurs costumes de flanelle, leurs chapeaux de paille, leurs bouteilles d'encre, leurs pots de peinture, leurs scarabées, leurs crânes de petits oiseaux, leurs serviettes râpeuses du sable des bains », une impression de brouhaha allègre, « de portes battantes et de stores agités, comme si le vent eût soufflé en rafales ».

La seconde partie du roman : *Time passes,* nous montre le silence et la solitude qui ont envahi la grande demeure pendant la guerre. Personne n'y étant venu, les portes étant fermées à clef, et les matelas roulés, une immense obscurité s'est abattue sur elle. « Une inondation de ténèbres s'est insinuée par les serrures et les crevasses, s'est glissée autour des stores, est montée dans les chambres, avalant ici un pot à eau et une cuvette, là un vase garni de dahlias rouges et jaunes, ou encore la fine silhouette et la masse ferme d'une commode ». « Comme rien ne bougeait, certains airs, détachés de la masse centrale du

1 Nous utilisons également ici la version française de M. LANOIRE, *La Promenade au Phare* (Stock, 1929), où le traducteur a réussi à être presque toujours scrupuleusement exact, et à garder, en même temps, la nébulosité lumineuse de l'ensemble du roman.

vent, passèrent par les gonds rouillés et les boiseries gonflées par l'humidité de la mer, se faufilèrent par les coins de la maison et s'aventurèrent à l'intérieur ». « Le calme et la beauté y régnaient, et leur union donnait à cette même beauté l'aspect d'une forme dont la vie s'était retirée, forme solitaire comme un étang aperçu le soir dans le lointain, de la fenêtre d'un wagon, et qui disparaît si vite dans sa pâleur vespérale que c'est à peine si notre regard l'a dépouillé de cette solitude. »

Quand la maison se rouvre, quelque dix ans plus tard, tout n'y est plus qu'étrange et triste, comme si « le lien habituel des choses avait été coupé, et qu'on flottât çà et là, à l'aventure ». Les domestiques ne savent pas qui est mort, qui a survécu. Mrs. Ramsay est morte brusquement, depuis longtemps déjà. Une des filles, Prue, a succombé en mettant au monde son premier enfant. Un des fils, Andrew, a été tué sur le front d'Artois, par un obus. Mr. Ramsay, qui est venu occuper à nouveau la maison écossaise, en face du phare, avec le reste de sa famille, y a invité aussi quelques-uns des amis d'autrefois : Auguste Carmichaël, le poète, et Lily Briscoe, l'artiste peintre, et la dernière partie du roman, intitulée *The Lighthouse,* expose cette reprise de la vie. Mais voici que, sous des dehors à peine différents, le temps et la mort ont transformé toutes choses. Le passé, si lointain qu'il paraisse, se trouve, à tout instant, associé à l'expérience émotive de chacun des personnages. Mr. Ramsay, qui a maintenant plus de soixante-dix ans, emmène enfin au phare son fils James et sa fille Cam. Lily Briscoe, toute chétive et encore plus ratatinée, reprend la toile qu'elle avait abandonnée il y a dix ans : la maison, vue du jardin, avec Mrs. Ramsay à la fenêtre du salon, en train de faire la lecture à l'enfant James. Tout le passé lutte en elle contre l'impression présente, y créant une sorte d'oscillation émotionnelle, de bouillonnement même : « Quelle incertitude, quel chaos, quelle irréalité dans tout cela », se disait-elle. Le souvenir de Mrs. Ramsay surtout l'envahit tout entière, qui « résolvait tout en simplicité, faisait tomber les irritations et les colères comme de vieilles guenilles », dont « c'était l'instinct d'aller de l'avant, semblable à celui qui entraîne les hirondelles vers le sud, les artichauts vers le soleil, un instinct qui la forçait infailliblement à se tourner vers la race humaine, et à faire son nid dans le cœur de ses semblables ».

Mrs. Ramsay en effet est l'âme même du roman, et, comme l'avait fait Mrs. Dalloway pour l'ouvrage antérieur, elle aurait pu aussi bien lui donner son nom. Comme Clarissa, Mrs. Ramsay a quelque cinquante ans, et elle est très belle encore sous sa chevelure blanche. « Pour composer son visage, avec son air grec, ses yeux bleus, son nez droit, il avait fallu, semble-t-il, que les Grâces réunies se prissent par la main sur des champs d'asphodèles ». « Il coule dans ses veines le sang de cette maison d'Italie, très noble, encore que légèrement fabuleuse, dont les descendants dispersés dans les salons anglais au cours du XIXe siècle, avaient zézayé avec tant de charme, s'étaient emportés avec tant de fureur. » Et ses filles elles-mêmes, Prue, Nancy et Rose, tandis qu'elle les gronde vertement à propos de leur conduite envers ce « malheureux athée » de Charles Tansley, « honorent son étrange sévérité, ainsi que l'extrême courtoisie qui la faisait ressembler à une reine relevant de la boue et lavant le pied malpropre d'un mendiant ».

Mais, au lieu d'être, comme Clarissa Dalloway, une haute bourgeoise d'un intellectualisme froidement raffiné, Mrs. Ramsay, qui a épousé un modeste professeur de philosophie, qui a huit enfants, et n'est pas riche, est restée ingénue et simple. Ni brillante, ni savante, elle a souvent l'impression, par contre, de n'être qu'« une éponge imbibée d'émotions humaines ». Elle paraît un peu étrange parfois, avec ses robes insouciantes, et la façon même dont elle est fagotée, avec « l'élément incongru qu'elle introduit dans l'harmonie de son visage », le feutre de chasseur qu'elle campe sur sa tête, par exemple, ou avec la manière dont elle court à travers la pelouse sous la pluie battante pour empêcher un enfant de se faire mal. Elle a des caprices gentils, un peu ridicules, une manière de vivre décousue, improvisée, « comme si sa beauté, et tout ce que les hommes disaient de sa beauté, l'avaient excédée, et qu'elle voulût n'être que comme les autres, insignifiante ». Elle a la manie de parler hôpitaux, conduites sanitaires. Elle décrit avec une chaude éloquence les horreurs du système qui prévaut en Angleterre pour la distribution du lait, et dans quel état on vous le remet, noir de saletés, à votre porte. Elle déclare, un jour que la mer est un peu mauvaise, que « les vagues sont hautes comme des montagnes », et qu'elle est constamment à la recherche de son étui à lunettes : « Oh ! mon Dieu ! Comme c'est ennuyeux ! Je l'ai encore perdu ! Ne vous dérangez pas, Mr. Tansley. J'en perds des milliers chaque saison. » Mais cette habitude d'exagérer s'accompagne de tant de bonne grâce qu'elle fait sourire seulement. Comme personne ne peut l'accuser de se donner du mal pour produire de l'effet, elle ne rencontre, généralement, que peu de difficulté à se faire aimer. « Des femmes, et des hommes aussi, oubliant la multiplicité des choses, s'étaient accordé, en sa compagnie, le soulagement de la simplicité ». Elle savait sans avoir appris, et « sa simplicité allait à ce fond des choses que falsifient les gens habiles. La sincérité de son esprit la faisait se diriger aussi droitement qu'un fil à plomb, se poser sur son objet avec l'exactitude d'un oiseau, lui donnait naturellement cette impétueuse saisie de la vérité par l'âme qui ravissait, soulageait, soutenait, peut-être à tort ».

Aussi Mrs. Ramsay répand-elle à la ronde, avec une volonté généreuse, et, à la fois, une candeur presque enfantine encore, les trésors de sa tendresse. Elle veut lire, dans les yeux de tous ceux qui vivent sous son toit, ou qu'elle a réunis autour de sa table, l'harmonie, la paix joyeuse, la confiance en la vie, et elle y réussit si bien que Charles Tansley lui-même, tout affreux pédant qu'il soit, avec la sensation qu'il a d'être à l'écart, et au-dessus, de la vie des autres, en vient, un jour qu'elle l'a emmené jusqu'à la petite ville voisine, à l'imaginer « — quel rêve absurde — des étoiles dans les yeux, les cheveux au vent, parée de cyclamens et de violettes des bois, traversant des champs de fleurs, pressant contre son sein des boutons de fleurs brisés et des agneaux tombés ». Ses enfants, dont elle déplore « la tournure d'esprit si critique », qu'elle aurait voulu garder toujours comme ils étaient, « affreux petits démons, anges délicieux », ne jamais les voir devenir des monstres à grandes jambes, James surtout, le mieux doué, ce « paquet de nerfs » si tendrement chéri, bien que tous, affirmait-elle, fussent pleins de promesses, ses huit enfants donc font sa joie ineffable. « Touchant de ses lèvres les cheveux de James, elle se dit : il ne sera jamais aussi heureux que maintenant, mais elle s'arrêta, car elle se rappela que son mari s'irritait lorsqu'elle parlait ainsi. Et pourtant c'était vrai. Ils étaient tous plus heureux maintenant qu'ils ne le seraient jamais. Leur mère les entendait courir et jacasser au-dessus de sa tête dès qu'ils étaient réveillés. Ils arrivaient par le corridor en se bousculant. Puis la porte s'ouvrait brusquement, et ils entraient, frais comme des roses. Remplie de choses et d'autres, la journée passait. Elle montait leur dire bonsoir, et les trouvait fourrés dans leurs petits lits, comme des oiseaux, parmi des cerises et des framboises, et construisant encore des histoires à propos de petits riens... Puis elle descendait, et disait à son mari : « Pourquoi faut-il qu'ils grandissent, qu'ils perdent tout cela ? Jamais ils ne seront aussi heureux. » Et il se fâchait.

Mr. Ramsay est aussi différent que possible de sa femme. Actif, avide, pétulant, prompt à élever la voix et à claquer les portes, c'est un caractère droit et même rigide qui « est incapable de ne pas dire la vérité, n'altérait jamais un fait, qui ne modifiait jamais un mot désagréable pour la commodité ou l'agrément d'âme qui vive, ni surtout de ses propres enfants, chair de sa chair, et tenus en conséquence à savoir le plus tôt possible que la vie est difficile, que le passage au pays fabuleux, où nos plus brillants espoirs s'évanouissent, représente une épreuve qui demande avant tout du courage, de la sincérité, de l'endurance ». Aussi les enfants, qui ont voué à leur mère un culte passionné : « Voici ma mère », songea Prue. « Voici l'être qu'il nous faut », comme s'il n'y eût eu qu'une seule personne au monde qui répondît à cette nécessité, sa mère », ne sont-ils pas loin de haïr leur père, lorsqu'il se tient devant eux, « maigre comme un couteau, étroit comme une lame, avec son sourire sarcastique, et l'orgueil secret qu'il tire de la rectitude de son propre jugement ». Mrs. Ramsay, néanmoins, à qui n'échappe pas la tendance de son mari à tyranniser égoïstement ceux qui l'entourent, sait aussi que, sous cette vanité mesquine, se cache surtout une inquiétude réelle sur la valeur de son œuvre de métaphysicien : lit-on ses livres, sont-ils bons, pourquoi ne sont-ils pas meilleurs, qu'en pense-t-on ? Et elle a compris d'autre part que ce mépris ardent du monde qu'il affecte recouvre un désir, sinon un appétit insatiable de sympathie, qu'elle lui accorde sans compter. De fait, Mrs. Ramsay éprouve pour son mari une admiration presque révérencieuse. « Elle songe avec délice à quel point, tout en ayant dépassé la soixantaine, il restait vigoureux, indépendant, optimiste, et combien il était étrange que sa conviction de l'existence de tant d'horreurs, loin de le déprimer, parût au contraire le ragaillardir. » Souvent, « à travers les murs crépusculaires de leur intimité, elle avait une vision de l'esprit de son mari abritant le sien, le mettant à l'ombre, à la façon d'une main levée ». Sans doute ne lui disait-elle jamais qu'elle l'aimait, et il l'accusait parfois d'être sans cœur, mais ce silence provenait simplement de ce qu'elle ne pouvait pas dire ce qu'elle éprouvait. Elle ne pouvait pas se résoudre à dire ce qu'il attendait. « Puis, sachant qu'il l'observait, au lieu de dire quoi que ce soit, elle se tourna, et le regarda. Et tout en le regardant, elle se mit à sourire, car bien qu'elle n'eût pas dit un mot, il savait, oui, bien sûr, il savait qu'elle l'aimait... Et elle le regardait souriante. Car elle avait une fois de plus triomphé. »

Aucun événement de la moindre importance, on le voit, dans la longue suite de ces pages admirables, qui se déroulent lentement, sinueusement, depuis le début du roman où Mrs. Ramsay a promis au petit James, qui a alors six ans, qu'il irait visiter le phare le lendemain, ce que le mauvais temps qui s'acharne l'empêche de faire, jusqu'aux dernières pages du volume, où, dix années s'étant écoulées, son père l'y entraîne presque de force. Rien que des incidents menus, insignifiants en eux-mêmes, mais qui n'en déclanchent pas moins, dans l'esprit des différents personnages, des séries d'impressions, de réactions subtiles que Virginia Woolf s'applique à fixer d'un trait léger et sûr. Pas de crise, pas de lutte extérieure. Pas de faits simplement objectifs. Rien, ni dans les situations où se trouvent placés les caractères, ni dans le paysage marin qu'ils ont sous les yeux, qui soit autre chose que le reflet de leur conscience individuelle, que le jeu des sentiments qui bouillonnent, se détachent, affleurent un instant à la surface de leur âme, et disparaissent, qu'une chaîne d'émois ténus s'entrecroisant dans la trame d'une perpétuelle rêverie.

Et dans le même temps que notre romancière s'applique à définir ainsi, sous les gestes quotidiens et les attitudes les plus banales de ses personnages, la complexité de leur individualité profonde, qu'elle nous décrit la singularité de leurs caractères, leur « retranchement en soi [1] », le silence obscur de leurs « solitudes assemblées », elle nous montre, avec le personnage de Mrs. Ramsay, qui demeure à l'heure qu'il est la plus haute création de son œuvre, un effort admirable pour rassembler ces énergies éparses, pour créer, de tant de fragments incoordonnés, une unité véritable, pour allumer, au milieu de tant d'égoïsmes, une large flamme humaine, toute de bonté et de joie. Il faut lire dans le roman même ce délicieux récit du dîner de famille, qui contient plus de quarante pages sans une note fausse, où la généreuse hôtesse, sentant que « rien ne semblait s'être fondu, que chacun avait l'air séparé de son voisin », prend pour elle seule « l'effort de fusion, de mise en train, de création » ; et aussi ces quatre pages non moins exquises où, le dîner fini depuis longtemps et les enfants ne dormant pas, et parlant tous ensemble, bien qu'il fût près d'onze heures, c'est Mrs. Ramsay encore qui vient rétablir l'harmonie, et bercer de sa tendresse Cam et James surtout, en train de se disputer à propos d'un horrible crâne de sanglier fixé au mur, Cam, la plus jeune des filles, étant incapable

1 Voir sur ce point l'intéressante étude de J. J. Mayoux, *Sur un livre de Virginia Woolf, Revue Anglo-Américaine*, juin 1928.

de s'endormir, et James hurlant dès que Mildred s'apprête à le toucher. Clarissa Dalloway n'était qu'une snob intellectuelle, préoccupée des seuls problèmes de son âme inquiète. Mrs. Ramsay, avec son cœur simple, se donne tout entière à ceux qu'elle aime, qu'elle connaît seulement ; elle s'évertue, « avec son air de régenter, mais dépourvu de tout autoritarisme », à abattre les barrières qui se dressent entre les êtres ; elle réussit à faire abandonner par chacun un peu de soi, à faire que tous, grâce à elle, possèdent en commun, pour un moment du moins, la paix, le repos, la beauté du monde.

Un trait, plus marqué peut-être dans *To the Lighthouse* que dans aucune des œuvres antérieures, reste à signaler : l'atmosphère de rêve qui enveloppe le roman. La lumière, sur cette sauvage côte écossaise, est pâle, grise, comme éternellement mouillée. Le clair-obscur y domine, triste et doux ensemble, comme dans ces chambres closes que traverse seul, par une fente des volets fermés, un rayon de soleil qui danse. Partout semble flotter du mystère, de l'inconnu, de l'inexplicable. Rien n'arrive, et tout est possible. Le temps extérieur n'existe pas, mais le temps intérieur seulement, celui qui se crée dans la conscience individuelle de chaque personnage. Mrs. Ramsay, par exemple, dont on n'a appris la mort que par hasard, au cours d'une simple parenthèse, demeure, dix ans plus tard, dans le cœur de ceux qui l'ont aimée, aussi vivante et irrésistible qu'aux jours où elle présidait, à une extrémité de la table, le repas du soir de ses invités, ou prêtait l'oreille à sa grande maison pleine d'enfants endormis, de lumières voilées, et de respirations paisibles. Les choses elles-mêmes, dans la vieille demeure délabrée, participent aux vicissitudes des hommes. Une même vie les anime, vague parce que profonde, impénétrable, parfois presque magique, et qui, on le sent, n'est point tout à fait de la terre.

Une interrogation constante se fait jour ainsi à travers tout le roman, tantôt ironique, presque malicieuse : le symbole du phare, qui, au petit James, paraissait de loin « une tour d'argent d'aspect brumeux, dont l'œil jaune s'ouvrait le soir avec soudaineté et douceur », et qui, lorsqu'il le visitera, beaucoup plus tard, et presque contre son gré, ne sera plus qu'« une tour toute nue plantée sur un rocher stérile » ; tantôt uniquement nostalgique au contraire, à la fois ardente et inquiète, une sorte de rêverie ininterrompue sur le sens de la vie. « Qu'est-ce que la vie ? » Telle est la question que semble se poser constamment chaque personnage de *La Promenade au Phare*. Qu'est-ce que la vie ? Une joie qui n'a rien de commun, peut-être, avec le bonheur. Qu'est-ce que la vie, sinon une série de « petits miracles quotidiens, de révélations, des allumettes inopinément frottées dans le noir ? » Qu'est-ce que la vie, se demande Lily Briscoe, sinon un effort vers la beauté ? L'artiste en elle peut échouer presque toujours à faire passer sur sa toile ce qu'elle voit pourtant avec une si irrésistible netteté : « la couleur brûler sur une armature d'acier, la lumière d'une aile de papillon posée sur les arches d'une cathédrale ». Son effort n'en exprime pas moins sa vision personnelle du monde, son sentiment « que tout est un miracle et une extase ». Qu'est-ce que la vie, pense avec son entêtement délicieux Mrs. Ramsay. Une mission de bonté profonde ; le besoin de se donner à tous, de « n'éluder jamais les difficultés, de n'escamoter jamais ses devoirs » ; la volonté, si éprise qu'elle soit de solitude et de silence, d'entourer, de protéger sans cesse, « de se dépenser et de se prodiguer », au point qu'il lui devenait parfois difficile « de prendre conseil d'elle-même et de s'identifier ». C'est ainsi qu'un jour où Lily Briscoe, assise sur le plancher, les bras croisés autour des genoux de Mrs. Ramsay, souriait à la pensée que celle-ci ne saurait jamais pourquoi elle se serrait de la sorte, elle imagina que « dans les galeries de l'esprit et du cœur de cette femme se dressaient, semblables aux trésors des sépultures royales, des tablettes portant des inscriptions sacrées qui enseigneraient tout à qui pourrait les déchiffrer ».

III

L'expérience psychologique

Nous touchons ici, avec cette curiosité dominante de l'expérience psychologique, à l'objet essentiel du roman de Virginia Woolf. Partout, en effet, il s'agit pour elle de pénétrer « dans les galeries de l'esprit et du cœur » de ses personnages, et d'y « déchiffrer » des tablettes mystérieuses ; ou encore, selon une autre de ses images favorites, de « fouiller dans la série infinie d'impressions que le temps a déposées dans le cerveau, feuille à feuille, pli à pli, avec une incessante douceur ». La réalité extérieure n'existant, estime notre romancière, que dans la mesure où nous la créons dans notre propre esprit, et les faits et les actes valant, non en eux-mêmes, mais d'après les émotions qu'ils suscitent en nous, c'est de cette réalité de notre vie intérieure qu'elle a entrepris de faire la substance de son œuvre.

Les romans que nous venons d'examiner présentent sans doute un certain nombre de caractères, Jacob Flanders, Clarissa Dalloway et Mrs. Ramsay étant les plus représentatifs. Mais ces caractères ne ressemblent en rien à ceux que nous rencontrons d'habitude chez les romanciers. On les distingue mal, comme s'ils n'existaient pas tout à fait en chair et en os, comme si leur existence dépendait, pour une bonne partie, de notre imagination personnelle. Ils ne sont pas peints physiquement, Virginia Woolf nous déclarant elle-même, à propos de Jacob, que, « de toutes les occupations futiles, celle qui consiste à cataloguer les traits caractéristiques d'un personnage est bien la pire ». Si nous évoquons sans grande peine la silhouette pensive, éternellement inquiète, de Rachel Vinrace, le visage, pourtant plus net, de Katharine Hilbery ne nous apparaît que par intervalles, comme dans l'entrecroisement d'une frondaison touffue. Jacob n'est qu'une ombre fuyante. La seule description précise, du reste très brève, que nous ayons de Mrs. Dalloway est celle que nous fournit la rageuse Miss Kilman, qui, debout sur le palier, la regarde par la porte ouverte de son boudoir. Nous n'apercevons jamais Mrs. Ramsay, enfin, que de profil pour ainsi dire, soit qu'elle préside avec tant d'anxiété le dîner de « ses fauves », soit qu'elle tortille avec impatience un bout des bas couleur rouge sombre qu'elle est en train de tricoter, soit encore que, retirée dans sa chambre, elle lise, sous la lampe, à côté de son mari, un livre de vers qui traînait sur la table :

Inclinez vers ces bords vos mâtures ailées,
O pauvres nautoniers...

sans la moindre idée de ce que ces mots pouvaient signifier. Ces quelques traits, en outre, sont des traits de détail seulement. Ils ne visent jamais à entrer dans un ensemble. Ils ne sont pas simplifiés, significatifs, dominants, destinés à étayer solidement un caractère aux yeux du lecteur. Virginia Woolf ne nous apporte que des reflets instables, des demi-tons fugitifs, des aspects menus, toujours entremêlés à d'autres. Une seule chose l'intéresse : « la lueur vacillante de la flamme la plus intime. »

De fait, ses personnages sont moins des personnalités véritables que des dénombrements d'impressions, que des états d'âme démultipliés, si l'on peut dire. Chacun d'eux est le porte-parole des « moments détachés de son expérience ». Il énonce tout ce qui passe dans le champ de sa conscience, le moindre événement psychologique étant rapporté avec son caractère propre, indépendant, isolé, même apparemment dépourvu de toute signification, sinon absurde. Chaque personnage ne semble qu'une myriade de petits faits mentaux successifs, mais toujours uniques, que le résultat des impressions, toujours imprévisibles, qu'en reçoit son esprit. Notre romancière, du reste, n'a point manqué de nous exposer elle-même son propos. Dans un article intitulé : *Le roman moderne* (*Modern Fiction*), daté de 1919, et réimprimé dans *The Common Reader*, elle écrivait : « Examinez un instant un esprit ordinaire par un jour ordinaire. L'esprit éprouve une myriade d'impressions, banales, fantasques, évanescentes, ou gravées comme au burin. De toutes parts elles arrivent, pluie incessante d'atomes innombrables ; et à mesure qu'elles tombent, à mesure qu'elles deviennent la vie de lundi ou de mardi, l'accent se place à un endroit nouveau ; le moment important n'est plus ici, mais là ; de sorte que si l'écrivain était un homme libre, et non un esclave, s'il pouvait écrire ce qui lui plaît, non ce qu'il doit, s'il pouvait fonder son œuvre sur ses propres sentiments, et non sur une convention, il n'y aurait pas d'intrigue, pas de comédie, pas de tragédie, pas d'histoire d'amour ni de catastrophe selon la méthode conventionnelle, et peut-être pas un seul bouton cousu comme le font les tailleurs à la mode. La vie n'est pas une série de lanternes disposées symétriquement ; la vie est un halo lumineux, une enveloppe à demi-transparente où nous sommes enfermés depuis la naissance de notre conscience jusqu'à sa mort. La tâche du romancier ne consiste-t-elle pas à exprimer cet esprit changeant, inconnu, non délimité, les aberrations ou les complexités qu'il peut présenter, en y ajoutant aussi peu de faits étrangers et extérieurs qu'il sera possible ? Nous ne plaidons pas seulement en faveur du courage et de la sincérité ; nous voudrions faire comprendre que la vraie matière du roman est quelque peu différente de celle que la coutume nous a appris à considérer. » Et plus loin encore : « Observons la chute des atomes dans l'esprit et l'ordre dans lequel ils tombent ; suivons le dessin, si brisé et incohérent qu'il puisse paraître, que chaque chose vue, que chaque incident trace dans la conscience. Ne tenons point pour acquis que la vie existe plus pleinement dans ce qui passe communément pour important que dans ce qui passe pour insignifiant. »

Un caractère de Virginia Woolf n'est donc qu'un entremêlement de détails minuscules, le caractère ne se distinguant qu'à peine du fond sur lequel il se projette, celui-ci étant aussi animé, toujours aussi mouvant que celui-là, le Londres de juin, dans *Mrs. Dalloway,* faisant partie intégrante de la personnalité de Clarissa, tout comme la côte écossaise de celle de Mrs. Ramsay, dans *To the Lighthouse.* C'est l'ensemble, d'autre part, des renseignements fournis par les autres personnages du roman, les pensées, les sentiments, les gestes mêmes de tel caractère se confondant avec ceux des personnages que celui-ci rencontre, les prolongeant en quelque sorte. Jacob, par exemple, est moins connu par ce qu'il fait ou dit lui-même que par ce que pensent et rapportent de lui son camarade Timothy Durrant et sa mère surtout, Mrs. Elizabeth Flanders, à qui il ressemble par tant de points, qui est audacieuse, désordonnée, sentimentale, mais richement pourvue, au surplus, de ce solide bon sens dont son fils est tout dénué. Le caractère de Clarissa, si complexe dans sa froideur scintillante, nous le composons nous-mêmes d'après les images, souvent contradictoires à la vérité, que s'en forment son mari Richard et son vieil ami Peter Walsh, la grande dame qu'elle admire le plus, Lady Bexborough, ou sa gentille femme de chambre, Lucy, « qui l'aide à être ce qu'elle voulait être, douce, généreuse ». Et c'est encore la description insistante, presque l'inventaire des influences exercées par Mrs. Ramsay sur ses fils et ses filles, sur son mari, sur les amis qui passent leurs vacances dans sa maison qui nous renseigne sur la tendre bonté et la sympathie si chaude dont est pétrie son âme. Virginia Woolf étant persuadée, ainsi qu'elle l'écrit à deux reprises dans *Jacob's Room*, qu'« il est inutile d'essayer de résumer des individus », les personnages qu'elle introduit dans son roman nous apparaîtront lentement, progressivement, avec des traits toujours mobiles, des particularités sans cesse changeantes, telle notation première se développant, comme en autant de cercles concentriques, en une série de nuances délicates, de plus en plus menues, mais toutes distinctes les unes des autres, les « infiniment petits de la conscience » constituant, avant tout, la réalité essentielle de chaque individu.

Une méthode aussi résolue d'approfondissement psychologique ne va pas sans danger grave. A faire d'un portrait le relevé seulement d'une courbe intérieure, à ne considérer dans les paroles humaines qu'une suite de confessions mystérieuses, à vouloir se pencher continuellement, uniquement, au-dessus de l'ombre d'une conscience pour en découvrir les émois les plus secrets, on risque de n'appréhender jamais que de l'irréel, et Virginia Woolf, avouons-le franchement, tombe souvent dans ce défaut. « Ce que nous voulons faire en écrivant un roman, c'est découvrir ce qui est au delà des choses », affirme-t-elle. Et ailleurs encore, comme nous l'avons vu déjà dans *The Voyage Out* : « Il faudrait écrire un roman tout entier sur le silence, c'est-à-dire sur les choses qu'on ne peut exprimer. » Ses réussites, à cet égard, sont très nombreuses, et souvent même admirables. Encore convient-il d'ajouter que le charme n'agit que sur un nombre restreint de ses lecteurs, sur ceux-là seuls à qui la poursuite de l'inaccessible apparaît comme le but suprême de l'art, et qui s'attachent à cette poursuite avec la même curiosité passionnée que notre auteur elle-même. Les caractères de Virginia Woolf sont de simples surfaces linéaires. Ils apparaissent comme des ombres qui se succèdent, selon un rythme variable, derrière un écran, et dont les contours mêmes demeurent indécis. Ils vivent dans une brume lumineuse. Ils sont entourés d'une *aura* légère, toujours tremblante, comme l'air qui palpite autour d'une flamme, mais qui, en plus qu'elle les empêche de communiquer les uns avec les autres et les enferme dans une perpétuelle solitude, leur confère un air étrange, évanescent, insubstantiel. « Nous ne connaissons pas nos âmes, insiste notre romancière, et encore moins celles des autres. »

Il demeure que la vie est autre chose que cette confusion d'apparences fragiles, qu'un être humain est plus que cet écoulement perpétuel d'impressions dont Virginia Woolf fait la matière de son œuvre. En plus de la source instinctive et toujours bouillonnante de sa sensibilité, il y a chez l'homme des besoins spontanés et, à la fois, des habitudes acquises de pensée consciente, un désir de s'appuyer sur des principes rationnels logiquement équilibrés, une tendance très nette à concentrer ses forces éparses, à organiser le chaos qui gronde dans la profondeur de son être, à se constituer en une unité permanente, cette unité qui seule caractérise les êtres pensants et voulants. Il y a chez l'homme, d'autre part, une sorte de *moi* supérieur, celui de l'oubli ou du don de soi-même, l'effort moral représentant en effet « la pointe extrême » de la vie, individuelle et sociale à la fois. Or Virginia Woolf ignore complètement cet état de tension qui fait la grandeur humaine. Ses personnages, tout d'abandon et de passivité seulement, soumis à l'affectivité pure, aux velléités fugitives qui ne se haussent jamais jusqu'à l'action, demeurent des solitaires qui, même s'ils se mêlent à la vie de leurs semblables, s'ils sont, comme Mrs. Dalloway, des mondaines accomplies, ou comme Mrs. Ramsay, des cœurs simples, uniquement affectueux, n'en éprouvent pas moins une joie grave, presque solennelle, à rentrer dans la profondeur silencieuse d'eux-mêmes, à « n'être plus que soi, un noyau d'ombre en forme de coin, quelque chose d'invisible aux autres ». On accorde volontiers à Virginia Woolf que « les êtres humains ne parcourent pas, la main dans la main, toute la longueur de la route, et qu'il y a en chacun d'eux une forêt vierge inextricable, un champ de neige où même l'empreinte des pieds d'oiseau est inconnue ». On ne saurait s'étonner toutefois que, pour nombre de lecteurs que l'aventure dans la forêt ténébreuse ou l'escalade des hauts glaciers ne séduit point par-dessus tout, pour lesquels les images jolies, même les plus justes, ne tiennent pas lieu d'argument, il y ait une difficulté, voire une fatigue réelle à suivre notre auteur dans son exploration incessante de la solitude, de l'énigme, de « la grande nuit impénétrée et décourageante de notre âme [1] ». Et l'on comprend enfin la boutade d'un critique anglais touchant la subtilité infinie de notre « micrographe » psychologique : « Les caractères de Virginia Woolf semblent rarement vivre en dehors de son propre esprit. Après la lecture d'un de ses romans, on prend un plaisir singulièrement accru aux choses tangibles, vulgaires et joyeuses, aux harengs saurs, aux berlingots, aux chansons comiques, et à Edgar Wallace [2]. »

Et de même qu'il n'y a pas, à vraiment parler, de caractères dans le roman de Virginia Woolf, mais seulement des groupements d'instantanés psychologiques, des « bandes », si l'on peut dire, d'impressions délicates séparées, comme éparpillées, qui se déroulent dans un appareil cinématographique, et dont la vitesse seule de déroulement semble recomposer le rythme de la vie, de même il n'y a pas d'intrigue, pas d'« histoire » qui se développe selon un plan préparé à l'avance, mais un enchaînement de faits de conscience tout fortuits, provoqués par le contact occasionnel des personnages avec le monde extérieur. Clarissa n'est pas un caractère qui agit, ou à qui il arrive même quelque chose. C'est un être seulement passif, qui se regarde vivre, qui demeure presque immobile, qui est tout entière absorbée par l'attention qu'elle

[1] Marcel PROUST, *Du côté de chez Swann*, p. 318. Cité par Jacques RIVIÈRE, *Une nouvelle orientation de la psychologie*, *Les cahiers d'Occident*, 1927, p. 81.

[2] A. C. WARD, *The Nineteen-Twenties*, Literature and Ideas in the post-war decade, 1930, p. 63.

porte aux impressions qui se déposent en son âme. L'intérêt du drame réside dans sa conformité scrupuleuse avec la vie, avec son mouvement, sa variété, son incohérence même, et l'on songe à ces parenthèses improvisées qui, jetées au milieu d'un paragraphe organisé solidement, traduisent dans leur souplesse tous les sursauts de l'esprit. L'action consiste en un simple glissement des faits matériels qui, tels des brins de paille descendant le fil d'un ruisseau, courent à la surface de l'être sensible ; en un écoulement ininterrompu d'images et de souvenirs qui, tantôt s'attardent sur les hauteurs et s'y étalent en quelque lac paisible, tantôt se précipitent de rocher en rocher, d'une course saccadée, confuse, vertigineuse. Elle est faite de la fusion constante du passé et du présent, d'émotions qui sont surtout des réminiscences, du « déjà senti », le remuement « des feuilles si nombreuses que le passé a pliées en nous », d'impressions en outre qui se distinguent mal de la rêverie. De sorte que la conception dramatique du roman de Virginia Woolf ressortit au moins autant à la sensibilité qu'à l'intelligence. Son analyse des actions des hommes, sa façon de « scruter la forêt où la lumière et l'ombre s'entrecroisent au point que tout est déformé, et qu'on ne peut que trébucher, avec, dans les yeux, cette rapide succession de soleil et d'obscurité », se rattache à la connaissance immédiate, à l'intuition proprement dite, l'esprit prenant spontanément possession du « devenir radical » des êtres et des choses, de ce qu'il y a en eux de perpétuellement mouvant.

De ce mouvement même cependant, une certaine unité

se dégage, tout comme, « si fréquents que soient, dans Holborn, les coins de rue, et les arrêts apparents dans notre avance, nous n'en continuons pas moins d'aller tout droit ». Une continuité profonde tend à s'établir entre ces éléments nombreux, au premier regard si discontinus. Tous ces atomes psychiques, instables, éparpillés, comme disloqués que nous montre, presque au vol, Virginia Woolf, s'équilibrent finalement et s'organisent en une série de correspondances délicates. Ils s'insèrent dans un plan d'ensemble que notre romancière nous suggère, sans doute, plus qu'elle ne le définit avec rigueur, mais dont le lecteur vigilant ne manque pas de reconnaître, avec quel plaisir inattendu, la cohérence délicieuse. Ces inexplicables émois, ces variations immenses, ces souffles légers qui sautent à la moindre brise, tous émanent de l'âme, qui est informe à vrai dire, mais qui est une activité surtout, innombrable et obscure, dont on ignore la puissance. Ils sont comme autant de « cris intérieurs » où non seulement « l'âme se délivre [1] », mais où elle apparaît dans sa nudité même. Ils nous la découvrent avec le va-et-vient des forces, claires ou sombres, qui circulent en elle, et parfois aussi le point où ces forces diverses se recoupent, se concentrent, produisant ainsi, selon l'expression de notre romancière elle-même, « quelque chose de cohérent, de stable, un élément soustrait au changement, et qui s'oppose à ce qu'il y a dans le monde de fluide, de fugace et de spectral ». C'est cette unité dans la multiplicité, cette unité « attachante, mysté-

[1] Edmond JALOUX, *op. cit.*, p. 193.

rieuse, d'une richesse infinie comme la vie », et qui, lit-on encore dans *Jacob's Room,* « est en quelque sorte le secret de la vie même », que Virginia Woolf a essayé de faire passer dans sa fiction romanesque, en la haussant ici au niveau de l'art. Elle a entrepris de nous y révéler l'atome psychologique isolément d'abord, puis réintégré dans son mouvement, sa direction, son rythme propre ; et elle a voulu faire de cette révélation, en même temps, une œuvre de beauté harmonieuse. C'est en psychologue avertie et en artiste subtile tout ensemble que Virginia Woolf a ainsi pris à tâche de nous faire entendre, « comme une musique quelquefois gaie, plus souvent plaintive, toujours originale », ce que Bergson a appelé « la mélodie ininterrompue de notre vie intérieure [1] ».

IV

La durée bergsonienne

Que Virginia Woolf ait fait de son roman, sciemment ou non, une application à la littérature imaginative de certaines des théories de la philosophie contemporaine, nul en effet n'en saurait douter. Si son étude de l'expérience psychologique s'accorde avec les hypothèses, sinon les conclusions assurées des savants d'aujourd'hui, avec leur conception qui, « attentive à tout ce que la matière présente de discontinuités — mouvement brownien et ses extensions, structure granulaire de l'électricité, *quanta* d'énergie, mu-

[1] *Le Rire*, p. 154.

tations brusques — instaure dans les sciences de la nature un atomisme en apparence irréductible », les efforts des physiciens notamment tendant à « ne laisser subsister que l'ordre essentiellement relatif de réalités discontinues [1] », cette étude se rattache plus intimement encore à certains courants de la spéculation philosophique qui ont renouvelé l'atmosphère intellectuelle du début du XXe siècle.

Virginia Woolf n'a certainement ignoré ni la théorie générale de la psychanalyse élaborée par Sigismund Freud et ses disciples Yung et Adler, ni le procédé nouveau « qui a pour but de plonger dans l'inconscient, et d'en ramener des morceaux dans le jour de la conscience [2] ». La « psyché » étant, dans une large mesure, constituée par un inconscient dynamique, et le psychisme primitif débordant de toutes parts notre conscience, il y a un intérêt essentiel, affirme Freud, à pénétrer dans cette vie souterraine, si mal éclairée encore, d'où jaillissent nos instincts, dont l'influence est immense sur les sentiments, les pensées, et la personnalité entière de chaque individu responsable, et dont l'action se manifeste, avec ses impulsions ou ses refoulements surgissant on ne sait d'où, soit par des psychoses morbides, soit dans les créations de l'art, qui ne sont que des émanations mystérieuses des mouvements les plus profonds de l'âme.

Cette connaissance de la psychanalyse, dont la vogue fut considérable en Angleterre de 1918 à 1922, venant s'ajouter

[1] Jacques CHEVALIER, *Le continu et le discontinu*, *Cahiers de la Nouvelle Journée*, 1929, pp. 14-15.
[2] Th. RIBOT, *La logique affective et la psychanalyse*, *Revue philosophique*, 1914, t. 2, p. 144.

à l'étude personnelle qu'elle avait faite du roman russe, et que nous avons examinée déjà, a pu stimuler la curiosité de la romancière anglaise en ce qui concerne la multiplicité ténébreuse de notre être, et l'importance des complexes affectifs et imaginatifs, si différents des autres activités de la vie intérieure. Elle a pu l'encourager dans la recherche de « l'hôte inconnu » qui est en nous : elle n'a exercé sur son talent, néanmoins, aucune influence véritable. La *libido* sexuelle, par exemple, qui, selon la psychanalyse freudienne, est le facteur prédominant dans nos tendances dynamiques, est tout à fait inconnue des personnages de Virginia Woolf, qui semblent même ignorer l'amour charnel, les notions d'instinct et d'hérédité, deux autres rouages essentiels de la théorie du subconscient psychologique, ne figurant non plus nulle part dans son œuvre [1].

Ces mêmes personnages qui appartiennent tous, sans exception, à une élite intellectuelle, ne doivent rien ni aux héros de Tolstoï, dont l'humanitarisme évangélique est traversé d'un souffle spirituel si généreux, ni à ceux de Dostoïevsky, chez lequel l'élément pathologique commande à l'être entier, qui accompagne sa connaissance effroyable de la confusion, de l'irrésolution, de la dislocation des « chaos vivants » que sont ses caractères d'une pitié infinie pour l'angoisse humaine. Peut-être Tchekhov, qu'elle semble

[1] Voir, sur le succès de la psychanalyse en Angleterre, et la rapidité de son déclin, l'étude de Louis CAZAMIAN, *La psychanalyse et la critique littéraire. Revue de Littérature comparée*, juillet-septembre 1924, étude reprise dans le recueil *Criticism in the Making*, New York, 1929, pp. 83-102 ; et aussi l'article du romancier anglais J. D. BERESFORD, *Le déclin de l'influence de la psycho-analyse sur le roman anglais*, *Mercure de France*, 1er octobre 1926.

avoir étudié particulièrement, l'a-t-elle retenue davantage. Certaines des qualités de l'écrivain russe en effet : sa soumission totale, presque candide, à l'individualité des êtres et des choses qu'il a observés ; son mépris des effets faciles, comiques ou tragiques ; sa distinction toujours discrète, et qui le fait s'enfermer dans les lignes exactes qui enserrent son sujet ; la beauté spirituelle qui s'y trouve enclose en même temps, mystérieusement pure, une certaine tendresse fugace enveloppant, comme d'une atmosphère magique, les événements les plus sombres ou les plus triviaux de l'existence ; certains de ces traits donc présentent, avec l'originalité créatrice de notre auteur, des affinités indiscutables. Il n'en demeure pas moins qu'à ces influences diverses où l'affectivité domine, où tiennent la première place les puissances élémentaires de l'âme humaine, où la mystique, en somme, voudrait se libérer de l'intelligence, l'intellectuelle lucide et raffinée qui est en Virginia Woolf présente un champ réceptif trop peu favorable pour que l'on puisse parler de «dette » réelle. Il s'agit ici de correspondances curieuses, qui nous renseignent sans doute sur la direction générale qu'ont prise, à un moment donné, les études de psychologie en Europe, mais à propos desquelles on ne saurait parler d'interaction particulière.

Il n'en est plus de même des doctrines proprement philosophiques qu'ont élaborées, à la fin du XIXe et au commencement du XXe siècles, certains penseurs, en France et en Amérique plus spécialement, et qui, replaçant nombre de problèmes psychologiques sur une base de vérité plus spontanée et plus immédiate, en ont renouvelé complètement l'aspect. C'est à ces problèmes en effet, tels que les ont posés surtout William James et Henri Bergson, que nous reporte chacun des romans de Virginia Woolf. Tous les grands thèmes qu'ont développés ces « deux frères de pensée [1] » qui ont suivi des routes voisines, et sur tant de points convergentes, s'y retrouvent. Le refus de toute théorie qui réduit l'être vivant aux lois abstraites, schématiques, de l'esprit ; la curiosité des phénomènes concrets et particuliers de la vie intérieure ; l'importance accordée à l'expérience intuitive, qui est le contact direct de l'esprit avec la réalité, s'il ne la contient même tout entière ; la multiplicité hétérogène des faits de conscience ; la différence qualitative des individus ; l'universalité du changement et le flux incessant du monde ; l'indivisibilité de notre moi profond, cependant, qui ne subit aucune coupure, une solidarité spontanée s'établissant entre les états de la conscience qui se renouvellent, se pénètrent, se fondent sans arrêt, les dissonances s'organisant en un accord toujours mobile, en une unité individuelle impénétrable aux autres *moi*, la conscience étant, selon William James, « une rivière, un courant » où roulent tant de choses distinctes, mais qui, en « coulant », demeure synthétique, une continuité essentielle dans sa discontinuité apparente, ou encore, comme s'exprime Bergson, « une continuité

1 L'expression est de W. Riley, *Le Génie Américain*, trad. française, 1921, p. 162. Voir, sur les rapports entre James et Bergson, mon étude, *William James bergsonien, Revue Anglo-Américaine*, octobre et décembre 1923, et surtout Maurice Le Breton, *La personnalité de William James*, 1929, James et Bergson, pp. 151-164.

d'écoulement », « un écoulement sans fin », où « tout change et demeure à la fois », un « devenir indivisible » qui a « l'unité et la continuité d'une mélodie » : autant de thèmes qui se rencontrent à chaque page du *Pragmatisme* et du *Pluralisme* comme des *Données immédiates de la Conscience* et de *Matière et Mémoire,* que les deux philosophes ont développés d'abord séparément, dans l'ignorance l'un de l'autre, « avec des points de départ différents et des méthodes différentes », dont la signification est également « très différente [1] », mais qui, le contact direct étant venu renforcer « la sympathie, l'espèce d'harmonie préétablie qui accordait l'une sur l'autre les deux pensées [2] », ont fini par se rejoindre, autant de thèmes donc que Virginia Woolf ne s'est pas contentée d'illustrer dans son œuvre, mais qu'elle a pris en quelque sorte à son compte, qu'elle s'est plu à y exposer à nouveau, de la façon la plus fidèle, et la plus originale.

Sur un point cependant : la notion de la durée, ses attaches avec la pensée bergsonienne semblent encore plus étroites. C'est autour de cette notion de la durée que se sont développées, comme on le sait, toutes les recherches qui devaient déterminer l'orientation du philosophe français. Ainsi que Bergson l'écrivait un jour à William James : « Je ne puis m'empêcher d'attacher une grande importance au changement survenu dans ma manière de penser

[1] Lettre inédite d'Henri Bergson à William James, 20 juillet 1905. Bergson ajoute : « Lorsque, dans de pareilles conditions, deux doctrines tendent à se rejoindre, il y a des chances pour qu'elles soient, l'une et l'autre, dans le voisinage de la vérité. »

[2] Lettre inédite d'Henri Bergson à William James, 23 juillet 1908.

pendant les deux années qui suivirent ma sortie de l'École Normale, de 1881 à 1883. J'étais resté tout imbu, jusque là, des théories mécanistiques, auxquelles j'avais été conduit de très bonne heure par la lecture de Herbert Spencer, le philosophe auquel j'adhérais à peu près sans réserve. Mon intention était de me consacrer à ce qu'on appelait alors la philosophie des sciences, et c'est dans ce but que j'avais entrepris, dès ma sortie de l'École Normale, l'examen de quelques-unes des notions scientifiques fondamentales. Ce fut l'analyse de la notion de temps, telle qu'elle intervient en mécanique et en physique, qui bouleversa toutes mes idées. Je m'aperçus, à mon grand étonnement, que le temps scientifique ne *dure* pas, qu'il n'y aurait rien à changer à notre connaissance scientifique des choses si la totalité du réel était déployée tout d'un coup dans l'instantané, et que la science positive consiste essentiellement dans l'élimination de la durée. Ceci fut le point de départ d'une série de réflexions qui m'amenèrent, de degré en degré, à rejeter tout ce que j'avais accepté jusqu'alors, et à changer complètement de point de vue [1]. »

Au lieu donc de considérer le temps comme une *quantité* inerte, homogène, qui ne se distingue point de l'espace, qui est faite comme lui d'unités identiques et immuables, et qui se mesure mathématiquement, à la manière des géomètres, Bergson concentre son attention sur la valeur *qualitative* du temps, toute faite au contraire d'éléments hétérogènes, variables avec chaque individu, sans cesse

[1] Lettre inédite d'Henri Bergson à William James, 9 mai 1908.

changeants, et qu'il appelle la *durée réelle,* c'est-à-dire une qualité qui n'est pas du domaine des choses qui se constatent, s'additionnent ou se divisent, mais qui est un ensemble où confluent et s'interpénètrent mille forces et influences complexes. Ainsi considérées, les heures, minutes et secondes dans lesquelles l'intelligence et les sens morcellent la durée ne sont qu'une simple traduction dans le temps, et en vue de la seule action pratique, de cette réalité totale qui est, en fait, l'activité créatrice de notre vie psychologique.

Cette conception de la durée, dans laquelle Bergson a essayé d'appréhender dans leur intégrité les données du moi immédiat, est à la source même du roman de Virginia Woolf. Elle aussi se place uniquement dans la *durée réelle.* Elle associe du lien le plus étroit l'expérience psychologique, dont elle observe d'un œil toujours si pénétrant la tourbillonnante confusion, avec la notion d'une durée continue, « qualitative et créatrice », qui n'est autre que la conscience. De ses personnages, comme nous l'avons vu, elle nous montre surtout les états d'âme « uniques, imprévisibles », sans nul retour à des conditions identiques, sans aucune prévision possible du côté de l'avenir. Son action romanesque, d'autre part, faite du seul changement incessant de moments affectifs, n'est, selon les expressions bergsoniennes, ici encore strictement adéquates, qu'« une durée où le passé, toujours en marche, se grossit sans cesse d'un présent absolument nouveau [1] », la réalité qu'elle

[1] *L'Evolution Créatrice,* p. 218.

décrit étant « une croissance perpétuelle, une création qui se poursuit sans fin [2] ». Le temps normal, sans doute, divise en espaces réguliers les journées que vivent ses personnages. Big Ben sonne les heures pour Peter Walsh et Septimus Warren Smith, pour Miss Kilman et Elizabeth Dalloway comme pour Clarissa elle-même, lançant dans le ciel de Londres « son avertissement musical, l'heure irrévocable ». « Les cercles de plomb se dissolvent dans l'air », mais il ne s'agit là, comme la romancière l'expose quelque part dans *Orlando,* que du « temps des pendules ». « L'esprit de l'homme s'imprime d'une manière étrange sur le corps du temps. Une heure, dès qu'elle pénètre dans l'élément bizarre qu'est l'âme, peut s'y allonger jusqu'à cinquante ou cent fois sa longueur d'horloge. D'autre part, une heure peut être exactement représentée sur le cadran de l'esprit par une seule seconde ». Le temps des pendules n'est ainsi qu'une interprétation spatiale, que de l'espace abstrait. La durée, au contraire, est toute concrète. Elle se dilate ou se contracte selon l'intensité variable de l'expérience humaine. Elle est une continuité de faits de conscience non accomplis, mais s'accomplissant. Elle est une réalité spirituelle, c'est-à-dire une relation uniquement subjective entre l'esprit et la réalité extérieure. C'est une « notion psychologique », « appartenant à l'ordre de la qualité », « la durée et la conscience ne faisant qu'un » : autant de thèses, voire de formules bergsoniennes qui expriment précisément le point de vue où se place Virginia Woolf

[2] *Ibid.*, p. 260.

au cours de toute son œuvre, la vie humaine étant à ses yeux, et suivant une autre définition de Bergson lui-même, « une succession où il n'y a pas de répétition, où tout moment est *unique* », « l'unité et la multiplicité n'étant que des vues prises sur un objet qui participe des deux sans être ni l'un ni l'autre, et que j'appelle *multiplicité qualitative*, ou *multiplicité de pénétration réciproque*, ou *devenir* [1] ».

Bien que Virginia Woolf, dont les attaches avec la doctrine bergsonienne paraissent donc étroites, nous ait déclaré n'avoir jamais lu le philosophe français, il est à noter cependant qu'une des études les plus pénétrantes qui aient été consacrées à ce dernier en Angleterre est l'œuvre de sa propre belle-sœur, Mrs. Karin Stephen, la femme de son frère Adrian, et que la pensée de Bergson est ainsi familière parmi les enfants de Sir Leslie Stephen. Sous le titre : *The Misuse of Mind. A Study of Bergson's Attack on Intellectualism* (*Le mauvais usage de l'intelligence. Etude de l'attaque de Bergson contre l'intellectualisme*), cet ouvrage, publié en 1922 [2] et dédié « au Professeur Henri Bergson, avec respect et gratitude », défend celui-ci de l'accusation qui a été si souvent portée contre lui, à savoir « sa tendance à jeter la raison par-dessus bord, qui

[1] Voir spécialement l'essai sur *Les Données immédiates de la Conscience*, chapitre 2 : De la multiplicité des états de conscience ; l'idée de durée ; et l'article intitulé *Introduction à la métaphysique*, paru dans la *Revue de Métaphysique et de Morale* de janvier 1903. Ces deux études ont été traduites en anglais, la première par F. L. Pogson en 1910 : *Time and Free Will*, la seconde par T. E. Hulme en 1913 : *An Introduction to Metaphysics*.

[2] Chez Kegan Paul, Trench, Trubner and Co., dans l'« International Library of Psychology, Philosophy and Scientific Method ».

l'a fait considérer par les rationalistes comme un traître envers la philosophie [1] ». En s'appuyant surtout sur les définitions de la perception, de la matière et de la mémoire, Mrs. Karin Stephen décrit dans le détail la conception bergsonienne de la réalité, conception de tous points originale, affirme-t-elle, et « qui ne sera intelligible que si nous sommes désireux et capables d'effectuer un profond changement dans notre attitude [2] ». Il est vraisemblable que Virginia Woolf n'a point tout à fait ignoré l'ouvrage de sa belle- sœur [3], travail que Bergson lui-même a déclaré « intéressant au plus haut point », et qu'il a défini, dans une lettre adressée à son auteur, de la manière suivante : « C'est une interprétation personnelle et originale de l'ensemble de mes vues — interprétation qui vaut par elle-même, indépendamment de ce que j'ai écrit. L'auteur s'est assimilé *l'esprit* de la doctrine, puis, se dégageant de la matérialité du texte, elle a développé à sa manière, dans la direction qu'elle avait choisie, des idées qui lui paraissent fondamentales. Grâce à la distinction qu'elle établit entre *fact* et *matter*, elle a pu ramener à l'unité, et présenter avec une grande rigueur logique, des vues que j'avais été obligé, en raison de ma méthode de recherches, d'isoler les unes des autres. »

1 P. 9.
2 P. 12.
3 Assez curieusement même, certaines phrases de Virginia Woolf semblent un écho direct de l'ouvrage de Karin Stephen. Par exemple : « This description (of what reality is) will be intelligible only if we are willing and able to make a profound change in our attitude. » *The Misuse of Mind*, p. 12. On lit d'autre part, dans le recueil critique de Virginia Woolf, *The Common Reader*, p. 299 : « New books lure us to read them partly in the hope that they will reflect this re-arrangement of our attitude. »

Virginia Woolf en outre n'a pas manqué de s'intéresser au succès considérable qui avait accueilli en Angleterre les idées bergsoniennes de 1908 à 1914, depuis le jour où, dans la série de conférences qu'il était venu donner au Manchester College, à Oxford, sur *La philosophie de l'expérience* [1], William James avait fait un exposé magistral de « la critique de l'intellectualisme de Bergson », depuis le jour où il avait tracé aussi un délicieux portrait du philosophe français, chez lequel « il semble qu'on respire la brise du matin et qu'on entende le chant des oiseaux [2] », jusqu'à la déclaration même de la guerre. La romancière anglaise a certainement sympathisé avec cet enthousiasme que l'œuvre de Bergson, qui se rattachait déjà à la pensée anglo-saxonne par des liens si nombreux, suscita de l'autre côté de la Manche [3], non seulement chez les philosophes de profession, mais surtout chez les savants et les théologiens, les pédagogues, les économistes et les artistes, dans le roman, chez les poètes et jusque sur la scène. Elle a participé à ce désir d'émancipation intellectuelle qui a été la cause première de la vogue du bergsonisme en Angleterre, puisqu'aussi bien, lorsqu'une révolution éclate dans le monde des idées, et que la pensée d'une génération

[1] Ces conférences, publiées en 1909 sous le titre : *A Pluralistic Universe*, ont été traduites en français sous le titre nouveau : *Philosophie de l'Expérience*, par E. Le Brun et M. Paris, 1910. La sixième leçon est consacrée tout entière à « Bergson et sa critique de l'intellectualisme ».

[2] *Ibid.*, p. 256.

[3] A partir de 1911 spécialement, où parut à Londres et à New York la traduction de *L'Evolution Créatrice*, par Arthur Mitchell, traduction dont William James avait pris lui-même l'initiative. — Je me propose de revenir sur cette question dans un travail d'ensemble en préparation sur *Le Bergsonisme et l'Angleterre*.

semble prendre, d'un élan, une direction nouvelle, il ne s'agit le plus souvent que de la synthèse effectuée, par un esprit créateur, d'aspirations encore vagues, mais communes à toute une classe d'esprits, que de la lumineuse définition personnelle, comme ce fut le cas précis de Bergson, d'une sensibilité générale qui frémissait, tâtonnait, s'inquiétait dans l'ombre. Virginia Woolf a tenté de s'évader, d'une part, de l'empirisme étroitement matérialiste, qui continuait d'attribuer la réalité à la seule sensation, qui se bornait à enregistrer les phénomènes, à établir entre eux des rapports uniquement quantitatifs, où s'attardaient encore les théories mécanistiques du siècle dernier, l'évolution, selon la philosophie synthétique de Spencer et le naturalisme de Huxley, c'est-à-dire l'ordre qui règne entre les choses, ne tenant nul compte des aspirations de l'âme. Elle a voulu, d'autre part, échapper à l'idéalisme absolu de T. H. Green et de F. H. Bradley, à cette philosophie académique si froide inspirée de Kant et surtout de Hegel, qui ignore les faits dans la poursuite d'un système d'abstractions, de catégories logiques seulement, selon laquelle rien n'existe que l'esprit, le particulier n'étant jamais séparé de l'universel, l'universel coïncidant avec une synthèse totale qui est l'expression achevée de la philosophie, chaque partie de ce tout ne devenant intelligible que si on l'étudie dans sa relation organique avec toutes les autres.

Interprète ici, semble-t-il, du mécontentement grandissant qu'inspiraient à bon nombre d'esprits anglais, aux abords de 1910, ces deux théories opposées : l'empirisme matérialiste aussi bien que l'idéalisme absolu, celui-là issu de la tradition nationale la plus ancienne, celui-ci provenant directement d'Allemagne, Virginia Woolf paraît avoir trouvé dans l'orientation nouvelle que Bergson avait imprimée à la pensée contemporaine une direction qui convenait précisément à ses préoccupations personnelles, le bergsonisme étant avant tout, comme on le sait, une méthode, sinon une attitude, une manière de résoudre progressivement une suite de problèmes particuliers, et qui fait ainsi appel à l'initiative de chacun. Notre romancière n'y retrouvait pas seulement exprimées, ainsi que l'écrit Mrs. Karin Stephen, « la méfiance des systèmes, des théories, des constructions logiques, cette irritation devant la pensée abstraite, cette soif du réel et du concret [1] » qui forment alors une sorte de sentiment collectif très largement répandu : elle y découvrait un retour délibéré aux valeurs profondes de la vie, à l'existence réelle de la liberté individuelle, qui n'est ni comprise ni affirmée seulement, mais saisie comme un fait par la conscience, un air de rafraîchissement et de jeunesse, la vie étant envisagée surtout comme une spontanéité continuellement nouvelle, comme un élan.

Sans doute Virginia Woolf ignore-t-elle toutes les parties systématiques de la pensée de Bergson, ses théories de la connaissance, par exemple, de l'intuition, de la mémoire et du rêve, des rapports de l'âme et du corps, de la matière et du mouvement, théories par lesquelles le

[1] *Op. cit.*, p. 10.

philosophe français a entrepris de s'élever au delà du mécanisme phénoménal jusqu'à la notion des causes agissantes, et qui toutes tendent à une conciliation d'un certain positivisme scientifique, respectueux de l'expérience, avec les aspirations essentielles de l'individu, à une collaboration des puissances d'observation et de raisonnement avec les forces de la conscience, à une synthèse, en un mot, de l'empirisme et de la métaphysique. Mais la philosophie, au lieu d'être étudiée seulement, comme elle l'est chez nous, par les « doctes de métier », étant pratiquée en outre chez nos voisins par un groupe étendu de personnes cultivées, voire d'hommes d'affaires, qui y introduisent l'originalité de leur propre esprit, ajoutée à toute la diversité du train de chaque jour, Virginia Woolf a été attirée tout naturellement vers la thèse maîtresse du bergsonisme : *la continuité dans la mobilité,* et elle l'a appliquée, inconsciemment peut-être, dans son œuvre, comme les abeilles dont parle son cher Montaigne qui recherchent de préférence ce qui convient à leur miel. Elle y a trouvé une pensée à sa mesure, qui donnait à son esprit une satisfaction complète, qui le replongeait, pour ainsi dire, dans son véritable climat. De la philosophie bergsonienne, elle a utilisé moins les bases dogmatiques que la *vision,* qui en est le couronnement, et c'est moins son ordre qui l'a retenue, si précis et lucide qu'il semble parfois impersonnel, que sa puissance singulière de jaillissement. L'auteur de *Jacob's Room*, de *Mrs. Dalloway*, de *To the Lighthouse* semble avoir réalisé le souhait de Bergson lui-même, faisant appel « au romancier hardi qui déchirerait la toile habilement tissée de notre moi conventionnel pour nous montrer, sous cette logique apparente, une absurdité fondamentale [1] ». C'est une discipline mentale nouvelle que lui a surtout apportée le bergsonisme, discipline qui consiste à amener la réflexion spéculative en contact avec les réalités immédiates de la vie, ou plutôt, comme l'écrivait Bergson à James, « à réintégrer la vérité dans le flux de l'expérience [2] ». La langue elle-même, si sensitive et affinée qu'écrit Virginia Woolf se rapproche étrangement, enfin, de certains aspects subtils, presque tendrement persuasifs, de la prose bergsonienne, de sa précision si flexible, et qui s'accorde avec tant de justesse à la matière même de l'œuvre : la magie ensorceleuse du devenir.

V

L'influence de Marcel Proust et de James Joyce

Bien que Virginia Woolf n'ait point pratiqué directement les ouvrages de Bergson et de James, les idées essentielles des deux philosophes ont imprégné à un tel point la littérature européenne du XXe siècle, elles ont, en particulier, exercé sur l'évolution du roman une action si marquante que notre romancière n'a pu que se plier, avec bon nombre de ses contemporains, à leur influence. Chez deux auteurs notamment, Marcel Proust et James Joyce, qu'on pourrait

1 *Essai sur les Données immédiates de Conscience*, p. 101.
2 Lettre inédite d'Henri Bergson à William James, 28 octobre 1909.

appeler « les romanciers de la durée », ces idées occupent le premier plan, tout comme elles font chez Virginia Woolf elle-même. Les concordances qu'il est facile de retrouver entre les trois œuvres sont fort nombreuses.

On connaît le succès qu'a obtenu Marcel Proust auprès de l'élite intellectuelle anglaise, qui semble avoir reconnu en lui un de ses proches par l'esprit. Proust, en effet, doit beaucoup à la littérature de l'Angleterre vers laquelle il a été attiré de bonne heure, et dont il parle fort volontiers. « De George Eliot à Thomas Hardy, de Stevenson à Emerson, aucune littérature », écrivait-il en 1910 à Robert de Billy, n'a sur moi un pouvoir comparable à la littérature anglaise ou américaine. L'Allemagne, l'Italie, bien souvent la France, me laissent indifférent. Mais deux pages du *Moulin sur la Floss* me font pleurer. Je sais que Ruskin exécrait ce roman-là, mais je réconcilie tous ces dieux ennemis dans mon admiration [1] ». Malgré son estime spéciale pour George Eliot, dont il fait traduire un roman par Andrée, dans *A l'ombre des jeunes filles en fleurs,* c'est à Ruskin, le « Ruskin éthéré » vers lequel était allé son jeune enthousiasme, qu'il demeura le plus passionnément fidèle. Ses traductions de *La Bible d'Amiens* (1904) et de *Sésame et les Lys* (1906), avec leurs préfaces devenues fameuses, nous révèlent l'admiration qu'il avait vouée au grand esthéticien anglais, à sa méditation, si généreusement éloquente, sur les primitifs italiens ou l'architecture gothique aussi bien qu'à sa curiosité du détail le plus menu,

1 Cité par Robert DE BILLY, *Une amitié de trente-deux ans. Nouvelle Revue Française*, 1er janvier 1923 (*Hommage à Marcel Proust*), p. 38.

Ruskin, « anxieux devant l'univers à déchiffrer », ayant appris à Proust « que le bonheur véritable consiste à tout sacrifier à la découverte, à l'expression des réalités éternelles qui se cachent sous les apparences, tout, jusqu'à la vie elle-même, qui n'a de raison d'être que comme étant la seule manière possible d'entrer en contact avec ces réalités [1] ». Si différent qu'il soit de Ruskin, dont il est loin de partager les idées, presque puritaines encore, sur les rapports de l'art et de la morale, et encore moins d'approuver le programme fougueux, qui allait suivre, de réformes politiques et économiques ; si nombreux que soient « les jugements erronés » qu'il dénonce chez le critique-poète victorien, tout en continuant à voir en lui « un des plus grands écrivains de tous les temps, et de tous les pays [2] » ; si curieuses même que soient ses propres erreurs d'interprétation et de jugement [3], l'exégèse ruskinienne de Proust ne laissa pas d'attirer sur son nom l'attention du public lettré anglais [4]. Avec la publication de son vaste roman : *A la recherche du Temps Perdu*, dans lequel, ainsi que s'y était efforcé Ruskin lui-même au cours de toute son œuvre, Proust ne fait guère que « publier sa mémoire », ce fut la notoriété véritable. Grâce à l'admirable

[1] *Pastiches et Mélanges*, 1919, p. 105

[2] *La Bible d'Amiens*, 1904, Préface, p. 85

[3] Voir sur ce point Emile AUDRA, *Ruskin et la France*, *Revue des Cours et Conférences*, 15 janvier 1926, pp. 265-288, et A. J. ROCHE, *Proust as Translator of Ruskin*, *Publications of the Modern Language Association of America*, December 1930, pp. 1214-1218.

[4] Voir notamment l'article très documenté de J. MURRAY, paru dans le *Mercure de France* du 1er juillet 1926 : *Marcel Proust et John Ruskin*, pp. 100-112, et republié, avec des modifications importantes, dans *The Nineteenth Century*, April 1927 : *Marcel Proust as a critic and disciple of Ruskin*, pp. 614-619.

traduction que Mr. C. K. Scott Moncrieff commence de faire paraître dès 1922 [1], et qui, avec un bonheur si proche parfois de la magie, réussit à reproduire tout ensemble l'analyse méticuleuse et l'inspiration lyrique du romancier français, la traduction elle-même du titre, empruntée à l'un des plus beaux sonnets de Shakespeare : *Remembrance of Things Past* [2] intégrant en quelque sorte la version nouvelle dans la plus haute tradition littéraire anglaise, l'œuvre de Proust se répand largement dans le public cultivé d'outre-Manche. Des critiques en renom, en tête desquels il faut citer Stephen Hudson, lui-même romancier d'un rare talent, et l'un des propagandistes les plus fervents de Proust en Angleterre, ou encore John Middleton Murry et Desmond MacCarthy, en définissent, dans de substantiels articles de revue, les qualités dominantes [3]. D'autres, comme Clive Bell et Samuel Beckett, lui consacrent des études brèves mais importantes, et que caractérise la plus clairvoyante sympathie [4]. De toutes parts, on se

1 *Swann's Story*. Continué par *Within a Budding Grove*, 1924 ; *The Guermantes Way*, 1925 ; *Cities of the Plain*, 1927 ; *The Captive*, 1929 ; *The Sweet Cheat Gone*, 1930. Après la mort de G. K. Scott Moncrieff, c'est Stephen Hudson qui s'est chargé de la traduction du *Temps Retrouvé*, *Time Regained*, 1931.

2 Le fameux sonnet XXX :

When to the sessions of sweet silent thought
I summon up remembrance of things past...

3 Par exemple : J. M. MURRY, *A new sensibility, Marcel Proust, The Quarterly Review*, July 1922 ; Desmond MACCARTHY, *In the Margin of Proust, Life and Letters*, March and April 1929. Voir aussi, parmi les études les plus notables : Albert THIBAUDET, *Marcel Proust, The London Mercury*, May 1920 ; G. TURQUET-MILNES, *Proust*, dans *From Pascal to Proust*. Studies in the genealogy of a philosophy, 1926, pp. 164-192 ; Aldous HUXLEY, *Proust*, dans *Proper Studies*, 1927, pp. 246-248 ; George SANTAYANA, *Proust on Essences, Life and Letters*, June 1929.

4 Clive BELL, *Proust*, The Hogarth Press, 1928 ; Samuel BECKETT, *Proust*. The Dolphin Books, Chatto and Windus, 1931.

tourne avec admiration vers l'œuvre de Proust, qui semble correspondre, aux abords de 1920, à l'une des aspirations maîtresses de la génération littéraire d'après-guerre. « On y voit, selon l'expression de Richard Aldington, le premier essai de synthèse de la civilisation européenne moderne, localisée en un point d'intensité. C'est la présentation idéale de ce qu'il y a de mieux dans l'ancien monde, comme Whitman, en un autre sens, l'avait fait pour le monde nouveau. » Et, plus loin encore : « L'esprit de Proust, plongé dans la tradition, respectueux presque jusqu'à l'excès, n'en a pas moins créé l'une des œuvres les plus originales de notre temps. »

Virginia Woolf connaît bien l'œuvre de Marcel Proust, qu'elle a lue pour la première fois, dans le texte original, en 1922. Clive Bell, à qui est dû l'ouvrage anglais le plus pénétrant sur *A la recherche du Temps perdu : Proust,* édité par la *Hogarth Press* en 1928, est son beau-frère, le mari de sa sœur aînée, Vanessa Stephen, elle-même artiste décoratrice de grand talent. Si les circonstances ont empêché notre romancière de contribuer effectivement au *Tribute to Marcel Proust* que vingt-deux écrivains anglais, comme venait de le faire *La Nouvelle Revue Française,* publièrent en 1923 [1], du moins s'associe-t-elle pleinement à cet hommage, à côté de Stephen Hudson et de Francis Birrell, de Clive Bell et de J. Middleton Murry, de Joseph Conrad, d'Arthur Symons et d'Arnold Bennett, par exemple. Quand elle rencontrera, en France même, un de nos plus dis-

[1] *Marcel Proust.* An English Tribute. Collected by C. K. Scott Moncrieff, Chatto and Windus, 1923.

tingués peintres-critiques, Jacques-Emile Blanche, elle lui affirmera « qu'elle ne jouit de rien tant que de lire nos auteurs », et c'est sur Marcel Proust surtout qu'elle fera porter la conversation : « Comment était Proust dans sa jeunesse? Dites-moi, dites-moi. Comment a-t-il débuté dans le monde ? Le monde devait peu comprendre ce qu'il écrivait [1]. »

Rapproché du roman de Proust, le roman de Virginia Woolf présente avec lui un certain nombre de correspondances assez frappantes. Très préoccupée d'abord, comme l'écrivain français, des relations de la psychologie et de l'art, Virginia Woolf a toujours réservé, dans chacune de ses œuvres, une large place à la réflexion critique. Ainsi que Proust lui-même, selon une définition que nous en donne Clive Bell, « le plus stimulant des critiques [2] », elle a été « un créateur qui, grâce à sa philosophie, a pu maintenir toujours au premier plan de sa pensée cet esprit critique, ce respect de la vérité qui seuls peuvent protéger un créateur de l'égoïsme nauséeux ou de l'optimisme le plus béat [3] ». Elle aussi prétendrait volontiers, malgré « son art minutieux du détail et de l'imperceptible », « ne s'attacher qu'à ce qui lui semble déceler quelque *loi générale,* d'après un sens analogue à celui des pigeons voyageurs qui se dirigent », et introduire dans son œuvre « *toute une théorie de la mémoire et de la connaissance,* non pro-

1 Jacques-Emile BLANCHE, *Entretien avec Virginia Woolf, Les Nouvelles Littéraires,* 13 août 1927.
2 L'expression est de Virginia Woolf, dans la préface d'*Orlando* (1928) : « That most inspiriting of critics, my brother-in-law, Mr. Clive Bell. »
3 *Proust, op. cit.,* p. 89.

mulguée directement en termes logiques [1] ». Dans cette œuvre, où se côtoient et s'interpénètrent tant d'éléments impressionnistes et intellectualistes tout ensemble, Virginia Woolf nous présente un monde d'émotions et d'images vivantes, mais, en même temps, une interprétation longuement réfléchie de cette réalité affective, de cette « vision » individuelle. Elle y a envisagé sous un angle proprement philosophique « ce qui est senti par nous de la vie ». Comme Proust encore, elle n'a pas voulu nous apporter simplement des analyses intérieures, chargées à craquer de choses délicates, mais toujours très petites : elle désire, elle aussi, « graver dans le temple » un certain nombre de vérités, ces vérités ayant été découvertes, non au microscope, comme on en accuse trop souvent le romancier français, « quand je m'étais au contraire servi d'un télescope, proteste-t-il, pour apercevoir des choses petites en effet, mais parce qu'elles étaient situées à une grande distance, et qui étaient chacune un monde. Là où je cherchais les grandes lois, on m'appelait fouilleur de détails [2] ». Virginia Woolf, de façon toute pareille, a voulu s'élever à des généralités, et nous révéler l'essence même des sentiments. Elle aussi a essayé d'exprimer en artiste, c'est-à-dire avec émotion et beauté,

[1] Lettres à Louis de Robert, publiées dans *La Revue de France*, 15 janvier 1925. Cité par J. JACOB, *Marcel Proust*, 1928, p. 51.

[2] *Le Temps Retrouvé*, vol. II, p. 251. Cité par J. JACOB, *op. cit.*, qui ajoute : « Sa métaphore du télescope, à laquelle il tenait beaucoup, Proust paraît l'avoir empruntée à Bergson. Cf. *Matière et Mémoire*, p. 181, les lignes où Bergson explique comment la conscience, en se dilatant, « peut pousser plus loin l'inventaire détaillé de sa richesse. Tel un amas nébuleux, vu dans des télescopes de plus en plus puissants, se résout en un nombre croissant d'étoiles », p. 31.

une doctrine philosophique, la « théorie de la mémoire et de la connaissance » à laquelle s'était rallié son esprit.

Cette théorie, qui sert d'armature au roman de Virginia Woolf ainsi qu'à celui de Marcel Proust, est la négation de la théorie classique de la personnalité, comme un refus opposé à la notion de l'unité de l'individu. « A n'importe quel moment que nous la considérions », selon les termes propres de Proust, « notre âme totale n'a qu'une valeur presque fictive, malgré le nombreux bilan de ses richesses [1] ». Et ce n'est qu'à force de patience subtile, de pénétration dans l'analyse que l'on peut saisir la réalité d'un individu, cet agrégat de perceptions et d'émotions en contact étroit, sans doute, mais toujours distinctes, cette succession d'états sans cesse variables, « ce nuage de moucherons », ainsi qu'écrit encore Clive Bell, « que le vent pousse de-ci de-là [2] ». En faisant des caractères de Jacob, de Clarissa, de Mrs. Ramsay les simples collections de moments psychologiques que nous connaissons, Virginia Woolf a suivi seulement l'exemple de Proust qui, lui aussi, avait mis son effort à décomposer, à dissocier en chacun de leurs éléments nos impressions, à séparer l'une de l'autre « les nombreuses personnes que contient chacun de nous [3] ». Les caractères qu'elle nous décrit, bien plus encore que ceux de l'auteur français, ne sont que le point

1 *Sodome et Gomorrhe*, II, 1, p. 178.

2 *Op. cit.*, p. 53 : « A lady once compared the individual as conceived by Proust with a cloud of midges blown hither and thither by the wind. » Cf. l'image voisine dont se sert Virginia Woolf dans *To the Lighthouse*, p. 43: « All this danced up and down, like a company of gnats, ... in Lily's mind. »

3 *Albertine disparue*, I, p. 181. Voir sur ce point la solide étude de Denis SAURAT, *Proust*, dans *Tendances*, 1928, pp. 171-222.

de rencontre des lignes oscillantes de leur vie intérieure, qu'un rien suffit à mettre en branle. Puisque, selon Proust, « une heure n'est pas une heure : c'est un vase rempli de parfums, de sons, de projets, de climats » ; puisqu'un être humain n'est qu'une suite de *moi* différents, qu'une multitude d'êtres successifs, l'individu étant dans un état de dissolution perpétuelle, il ne faut plus imiter les naturalistes, ou, comme dit Virginia Woolf, les matérialistes Edwardiens qui, tel Arnold Bennett, n'observent que du dehors et, selon la formule dédaigneuse de Proust, « se contentent de décrire les choses, de donner un misérable relevé de leurs lignes et de leurs surfaces ». Il faut, au contraire, avoir la force d'aller « jusqu'à ce fond extrême où gît la vérité, l'univers réel, notre impression authentique [1] ». Strictement d'accord, une fois de plus ici, avec Marcel Proust, estimant avec lui que « seule l'impression, si chétive qu'en semble la matière, si invraisemblable la trace, est un critérium de vérité », que « l'impression est pour l'écrivain ce qu'est l'expérimentation pour le savant, avec cette différence que, chez le savant, le travail de l'intelligence précède, et chez l'écrivain vient après [2] », Virginia Woolf cherche à saisir, à enregistrer dans son roman, comme le ferait un bactériologiste de l'âme, ce qu'il y a de fugitif, de fourmillant, de papillotant aussi, dans cette « débandade d'atomes » qui assaille constamment notre conscience.

Or cette recréation de la réalité est beaucoup plus facile

[1] Lettre à Francis Jammes, *Revue de France*, 1er janvier 1925, p. 72.
[2] *Le Temps Retrouvé*, II, p. 26.

avec le passé qu'avec le présent. Dans le présent, l'« esprit » de la réalité est trop souvent obscurci par la « matière », qui le masque comme un écran. « Pour ressaisir le moment extérieur tel qu'il est, non seulement en surface, mais en profondeur », il faut, selon le précepte de Bergson, « nous ressaisir tels que nous sommes, dans un présent épais et, de plus, élastique, que nous pouvons dilater indéfiniment vers l'arrière [1] ». C'est le souvenir seul, poursuit Proust, « débarrassé de ce qu'il y a d'imparfait dans la perception extérieure, pur et désincarné [2] » qui peut nous faire saisir ce que, dans le présent, nous n'appréhendons jamais, qui nous fait apparaître à nous-mêmes dans notre vérité essentielle, « affranchis de l'ordre du temps [3] ». De là, chez Virginia Woolf comme chez Proust, la juxtaposition si fréquente, sinon même la constante fusion de la perception, c'est-à-dire de « la conscience de quelque chose de présent », avec le souvenir. L'un et l'autre auteur nous montrent comment telle sensation, même banale et insignifiante, peut déclancher en nous tel souvenir, rouvrir brusquement les portes du passé, en faire surgir une image-sœur, et toute l'atmosphère émotive qui l'enveloppait jadis. Pour l'un et l'autre, la mémoire est la faculté maîtresse, et l'œuvre littéraire est surtout un immense effort en vue de ressusciter le passé, de le reconquérir. Pour l'un et l'autre encore, la création littéraire repose sur la distinction bergsonienne entre les

1 *L'Intuition Philosophique*, Réimpression Helleu et Sergent, 1927, p. 93.
2 *Le Temps Retrouvé*, II, p. 13.
3 *Ibid.*, II, p. 16.

deux formes de la mémoire : la mémoire *motrice,* d'une part qui, par une suite d'automatismes que met en branle la volonté, reproduit seulement du passé, sous la forme simplifiée de l'habitude, ce qui est utile à l'action, et ne fait ainsi que répéter le passé sans le revivre ; la mémoire *représentative* d'autre part qui, spontanément, sans aucun effort, évoque le passé intégral, dans son détail unique et que jamais on ne verra deux fois, qui « met autant de caprice à reproduire que de fidélité à conserver[1] ». Proust, bien qu'il s'en soit défendu, observera strictement cette distinction, appelant seulement *mémoire volontaire* et *mémoire involontaire* ce que le philosophe désignait du nom de *mémoire habitude* et *mémoire pure.* « Pour moi, déclarait-il à M. Elie-Joseph Bois en novembre 1913, au moment même où allait paraître *Du côté de chez Swann,* « la mémoire volontaire, qui est surtout une mémoire de l'intelligence et des yeux, ne nous donne du passé que des faces sans vérité ; mais qu'une odeur, une saveur retrouvées, dans des circonstances toutes différentes, réveille en nous, malgré nous, le passé, nous sentons combien ce passé était différent de ce que nous croyions nous rappeler, et que notre mémoire volontaire peignait, comme les mauvais peintres, avec des couleurs sans vérité ». « Voyez-vous », disait-il plus loin, « je crois que ce n'est guère qu'aux souvenirs involontaires que l'artiste devrait demander la matière première de son œuvre. D'abord, précisément parce qu'ils sont involontaires, qu'ils se forment

[1] *Matière et Mémoire,* p. 87.

d'eux-mêmes, attirés par la ressemblance d'une minute identique, ils ont seuls une griffe d'authenticité. Puis ils nous rapportent les choses dans un exact dosage de mémoire et d'oubli. Et enfin, comme ils nous font goûter la même sensation dans une circonstance tout autre, ils la libèrent de toute contingence, ils nous en donnent l'essence extratemporelle, celle qui est justement le contenu du beau style, cette vérité générale et nécesaire que la beauté du style seule traduit [1] ».

Ainsi que faisait Proust lui-même, c'est aux « souvenirs involontaires » que Virginia Woolf demande, à son tour, « la matière première de son œuvre ». C'est la mémoire pure, « sans matérialité et sans oubli », celle qui ressuscite « le temps perdu » dans sa vérité, non dans ses circonstances extérieures, qui ne sont plus que des matériaux morts, mais avec les émotions, avec les élans de sensibilité qui les accompagnèrent, c'est la mémoire « vitale et non logique » qui est, non la source unique, comme chez Proust, mais une des sources principales de la création littéraire de Virginia Woolf. Mrs. Dalloway n'est si perpétuellement inquiète que parce que continue de vivre en elle, selon l'expression bergsonienne, « ce qu'elle a senti, pensé, voulu » au temps de sa jeunesse, alors qu'elle se promenait sur la terrasse, à Bourton, et que Peter Walsh l'aimait, « ce passé, penché sur son présent, qui va s'y joindre, pressant contre la porte de sa conscience qui voudrait la

[1] *Le Temps*, Variétés Littéraires. « A la recherche du temps perdu », 12 novembre 1913. Reproduit dans les *Souvenirs sur Marcel Proust* de Robert DREYFUS, 1926, pp, 289-291.

laisser dehors ». Lily Briscoe, qui, longtemps après la mort de Mrs. Ramsay, est revenue dans la maison écossaise abandonnée, et qui essaie d'y terminer le tableau qu'elle y commença jadis, est incapable de distinguer ce qui est de ce qui fut, de séparer ses sensations d'aujourd'hui de celles qui semblaient mortes à jamais : « Elle perdait la conscience du monde extérieur. Et à mesure qu'elle perdait cette conscience, qu'elle oubliait et son propre nom et sa personnalité et son aspect, son esprit, lui, ne s'arrêtait pas de lancer, du fond de ses abîmes, des visions, des noms, des phrases, ainsi que des souvenirs et des idées, à la façon d'une fontaine se dégorgeant sur cet espace blanc qui la confrontait avec ses difficultés horribles, et qu'elle façonnait avec ses verts et ses bleus ». La mémoire ne fournit donc pas seulement à notre écrivain des préparations minutieuses. Elle ne se borne pas non plus à apporter à ses impressions présentes, « grêles et linéaires, la consistance d'une riche orchestration ». Elle lui ouvre, avec le flot de ses résurrections émotives, une voie de communication avec l'inconscient. Elle lui permet de prendre un contact direct avec les réalités profondes, de remonter avec lenteur le cours de la durée. La mémoire pure et intégrale, selon Bergson, la mémoire involontaire, selon Proust, n'est autre chose, pour Virginia Woolf, qui les suit de tous points, que l'âme même.

Comme Proust encore qui, sous l'inspiration bergsonienne, distingue la mémoire habitude de la mémoire vraie, le passé se survivant dans la première sous la forme de mécanismes-moteurs et sous la forme d'images-souvenirs dans la seconde, mais qui, par contre, insiste beaucoup plus que ne l'avait fait le philosophe sur le caractère affectif, à ses yeux essentiel, du souvenir, Virginia Woolf souligne l'importance, dans cette expérience affective elle-même, de certains « états privilégiés », de certains moments aigus d'une joie particulière, accompagnés d'une brusque illumination qui nous fait pénétrer jusqu'au plus profond de notre conscience. Ces « intermittences du cœur », comme les appelle Proust, se retrouvent fréquemment dans les récits de notre romancière anglaise qui accorde, elle aussi, à ces « moments détachés de l'expérience », à ces « moments de l'être [1] », comme elle les désigne, la portée d'une révélation authentique. Selon l'exemple de Proust, elle en fait des sortes de motifs musicaux, qu'elle s'ingénie à envelopper de toutes les subtilités de son art. La candide Clara Durrant, par exemple, qui aime Jacob Flanders en silence, sans presque oser se l'avouer à elle-même, qui écrit dans son journal : « J'aime bien Jacob Flanders. Il est si peu mondain. Il ne fait pas du tout de manières, et on peut lui dire ce qu'on veut, bien qu'il me fasse peur parce que ... », Clara donc s'est arrêtée sur le seuil de la serre où, la veille, Jacob l'avait aidée à cueillir du raisin, et « elle désira que ce moment pût continuer à jamais, exactement comme il était ce matin de juillet. Mais les moments ne continuent pas ». Clarissa Dalloway est également fort attentive à ces « moment d'importance » qui

1 C'est le titre même que donne Virginia Woolf à la nouvelle qu'elle publia dans la revue *Echanges*, no 1 (1929) : *Moments of Being*. « Slater's pins have no points », pp. 32-37.

surgissent si inopinément au cours de la journée la plus unie. A la minute, par exemple, où elle choisit ses fleurs chez Mulberry, dans Bond Street : « delphiniums, pois de senteur, gerbes de lilas, œillets, des masses d'œillets. Et les roses, les iris !... Ravissants aussi les papillons clairs qui tournoient sur l'héliotrope, sur les primevères du soir », il lui semble que « cette beauté, ce parfum, cette couleur et Miss Pym qui l'aimait, qui avait confiance en elle, forment un flot, que ce flot la baigne, la soulève plus haut, plus haut encore ». Revenue chez elle, « comme pour recueillir la goutte qui tombe, Clarissa se plongea au cœur même de ce moment, l'arrêta, le moment de ce matin de juin lourd du poids de tous les autres matins ». Quelques minutes plus tard, tandis qu'elle évoque avec Peter Walsh, qui est venu lui rendre visite à l'improviste, le souvenir de leur jeunesse heureuse à Bourton, un mot seulement qui « se soulève et s'envole, comme un oiseau touche une branche et s'envole », le simple mot : *lac* fait surgir en elle toutes les années perdues, et toutes les émotions de ces années : « Vous souvenez-vous du lac ? » dit-elle d'une voix abrupte sous la poussée d'une émotion qui étreignit son cœur, raidit les muscles de sa gorge, et contracta ses lèvres en un spasme, lorsqu'elle dit : *lac*. Car elle était encore une enfant qui jetait du pain aux canards à côté de ses parents, et en même temps une femme qui venait vers ses parents debout, près du lac, tenant dans ses bras sa vie qui, à mesure qu'elle s'approchait d'eux, grandissait, grandissait dans ses bras jusqu'à devenir une vie entière, une vie complète, qu'elle déposait près d'eux en disant : « Voilà ce que j'en ai fait ! Voilà ! »

To the Lighthouse abonde également en évocations délicates de ces « moments détachés de l'expérience ». Un exemple typique suffira ici. Comme Lily Briscoe, Mrs. Ramsay étant morte depuis longtemps, travaillait solitaire à son tableau toujours inachevé, elle eut soudain l'impression d'être assise à côté de sa vieille amie sur la plage. « Elle eut la sensation qu'une porte s'ouvrait, qu'on entrait et qu'on regardait sans rien dire, autour de soi, dans un grand édifice semblable à une cathédrale, très sombre, très solennelle... Mrs. Ramsay restait assise sans rien dire. Elle était heureuse, pensait Lily, de se reposer ainsi en silence, de se reposer dans l'obscurité extrême des relations humaines... Ne gâtons-nous donc pas les choses, aurait pu demander Mrs. Ramsay, en les exprimant ? N'en disons-nous pas davantage ainsi ? *Cet instant, en tout cas, paraissait d'une extraordinaire fertilité.* Elle creusa un petit trou dans le sable, puis le couvrit, en signe qu'elle y enterrait la perfection de ce moment. C'était comme une goutte d'argent dans laquelle on trempait, pour la rendre lumineuse, l'obscurité du passé ». Ces brusques chocs affectifs que nous décrit, avec tant de charme, Virginia Woolf, à la faveur desquels s'entr'ouvrent, comme sous le coup de quelque baguette magique, les mystérieuses avenues du passé, ne sont autre chose que les « intermittences du cœur » dont Proust avait fait le point de départ de son œuvre : le goût de la madeleine trempée dans une tasse de thé, et tous les souvenirs de son enfance à

Combray ressuscités ; le pavé qui oscille, et tout l'éblouissant voyage à Venise qui recommence ; les trois clochers de Martainville, qui se profilent à l'horizon enflammé de soleil couchant, et ce « quelque chose, derrière cette clarté, qu'ils semblaient contenir et dérober à la fois » ; la haie d'aubépines en fleurs près de Balbec, et l'atmosphère d'anciens mois de Marie, d'après-midi du dimanche, de croyances, d'erreurs oubliées », qui flotte autour d'elles ; le soulier dénoué, lors de la seconde visite au Grand Hôtel de Balbec, et tous les souvenirs de la grand'mère, morte l'année d'avant, qui reviennent assaillir d'un coup le cœur de Proust, et lui apprendre seulement que sa grand'mère est morte, qu'elle est impuissante désormais à l'envelopper de ses tendresses : autant de sensations proprement révélatrices, presque hallucinatoires, auxquelles Virginia Woolf, elle aussi, a très fréquemment recours, parce qu'elles font tressaillir en ses personnages « quelque chose qu'on aurait désancré, à une grande profondeur », parce qu'elles les mettent en contact avec des forces qui appartiennent à un monde obscur, que nos sensations ordinaires n'atteignent jamais.

De sorte que la suite complète des romans de Virginia Woolf pourrait s'intituler, sinon : *A la recherche du Temps Perdu*, du moins : *Le Temps qui coule*, puisque la romancière s'efforce d'y fixer ce flux incessant d'impressions et d'émotions dont notre présent est fait. L'œuvre entière est un essai de prise directe du temps, soit, comme chez Proust, revécu tout entier par le souvenir dans l'écoulement de la durée, soit saisi, grâce à une attention moins vigoureuse sans doute, mais non moins méticuleusement subtile, dans tel ou tel « moment détaché de l'expérience ». Cette œuvre constitue, proprement, un film où se déroule, tantôt au ralenti et tantôt à l'accéléré, la vie de la conscience.

Chez James Joyce, d'autre part, Virginia Woolf a rencontré une théorie psychologique assez semblable à celle dont l'œuvre de Proust constitue une illustration si précise, mais poussée, chez le romancier irlandais, jusqu'à l'outrance la plus résolue. Joyce, à l'exemple de Proust, s'est non seulement efforcé de traduire dans son œuvre « quelque *loi générale* » philosophique : il y a fait place aux tendances les plus hardies de l'heure présente, si même son point de départ n'a pas été une rébellion brutale contre les conventions littéraires acceptées. Cette œuvre, de *Dubliners* (1914) au *Portrait of the Artist as a Young Man* (1916), et surtout à *Ulysses* (1922), est une épopée moderne de la désillusion et de la laideur. L'auteur y exprime son sens tragique de la vie, qu'il représente sous tous ses aspects, dans toutes ses manifestations disparates, du jugement intellectuel le plus altier à la trivialité la plus basse. Il y développe une sorte de nihilisme métaphysique qui constitue, avec son étalage de grossièretés, et même d'ordures, la plus rude attaque qui ait été lancée jusqu'ici contre l'idéal victorien, tout « de douceur et de clarté ». Et dans le même temps qu'il s'acharne à dégrader la vie humaine, il s'efforce d'extraire du fond de cette horreur toute la beauté inconnue qui y est enclose. Sur la vulgarité, si morne et vide de la vie citadine, il jette une sorte de poésie nouvelle, qui fait penser aux rayons crus du soleil sur un gris paysage d'hiver. Un souffle de révolte parcourt ainsi l'œuvre de James Joyce, où l'on retrouve le fils d'une vieille famille catholique, et qui s'est rebellé contre l'éducation qu'il avait reçue des Jésuites ; un Celte surtout, qui a gardé la sensibilité imaginative, la versatilité, voire la volubilité de sa race ancienne ; un hardi intellectuel enfin, qui a fait des études de médecine, qui a parcouru l'Europe, et séjourné à Zurich, à Trieste et à Rome, qui s'est fixé à Paris, où il a été spécialement séduit par les théories esthétiques et littéraires les plus avancées. James Joyce est un exilé volontaire, un déraciné en un mot, qui a mis au premier plan de sa vie un égoïsme intransigeant, et qui, solitaire et fier, a voulu construire une œuvre rigoureusement nouvelle.

Virginia Woolf connaît l'œuvre de Joyce, dont elle parle à maintes reprises, et dont, tout en laissant de côté les aspects les plus rudes, d'une robustesse agressivement laborieuse pour elle sans attrait, elle s'inspire visiblement. Devant Joyce en effet, elle se retrouve en présence, comme en face de Proust, d'un subjectivisme absolu, qui considère « le courant de la conscience » comme la source unique de la connaissance. Un personnage de Joyce, comme un personnage de Proust, est une somme de menus phénomènes affectifs, mais exprimés, chez le romancier irlandais, avec une âpreté véritable, sans transposition, sans compromission d'aucune sorte. C'est un chaos délibéré d'idées et d'images, de souvenirs, de regrets, d'espérances, de désirs, de secrets à demi exprimés, de théories audacieuses, de velléités confuses, de décisions brusques. C'est une sorte de chaîne psychique, où se trouve entraînée, en plus des sentiments mêmes du personnage, qui déterminent son action ou sont suggérés par elle, une masse de notions empruntées à la philosophie, à la scolastique, à la physique, à la médecine, à l'occultisme, par exemple. Le roman consiste en une simple accumulation de « faits de conscience », qui, à la manière d'une boule de neige, se grossit de tous les apports, gagnant en volume et en force à chaque association nouvelle. C'est une rumination ininterrompue, un immense monologue intérieur auquel se livrent soit les caractères, soit l'auteur lui-même, sans que le départ entre les premiers et le second puisse jamais se faire, à la vérité. Le lecteur voit défiler devant lui, page après page, des impressions, des notations, des visions qui se bousculent, claires ou sombres, triviales ou sublimes, sans ordre logique d'aucune sorte, le tumulte incohérent qu'elles présentent à ses yeux devant reproduire, selon l'intention de l'écrivain, la cohérence profonde qui les anime, le discontinu n'étant ici que l'aspect superficiel du continu, et son emploi étant destiné « à effacer entre les fragments disjoints les distinctions de nature et d'espèce, à créer une indétermination universelle, dont le continu profite [1] ».

Comme il faut un guide néanmoins, même au lecteur le plus intelligent, ou le plus tenace, pour se diriger à

1 Louis CAZAMIAN, *L'Œuvre de James Joyce. Revue Anglo-Américaine*, décembre 1924, p. 109.

travers ce dédale si impitoyablement encombré, et comme cette unité organique, pour réelle qu'elle soit, est loin d'apparaître au premier regard, James Joyce a été contraint de donner à son œuvre une manière d'unité, et il a choisi la plus factice, la plus superficielle, sinon la moins significative de toutes : l'unité de temps. *Ulysses* nous décrit une journée dans la vie de quelques personnages, la série d'incidents tout fortuits qui leur adviennent au cours de vingt-quatre heures passées à Dublin, comme si une tranche du temps avait été coupée de façon arbitraire, la journée décrite du 16 juin 1904 n'ayant, en elle-même, aucune importance spéciale. A l'intérieur de ce cadre ainsi choisi, le roman énorme va se dérouler, c'est-à-dire que vont nous être révélés, avec leurs moindres circonvolutions, autour de quelques faits et gestes retenus presque au hasard, les pensées et les sentiments de deux hommes : Stephen Dedalus, que nous avions rencontré dans *The Portrait of the Artist as a Young Man*, et qui continue de représenter ici Joyce lui-même, un jeune sceptique, amer, à l'intelligence aiguë, à la mémoire prodigieuse, et qui soumet le monde au jugement de son esprit fanatique et désabusé ; et Leopold Bloom surtout, un Juif dublinois que nous suivons dans tout le cours de sa journée médiocre. Le matin, Mr. Bloom, qui est un modeste agent de publicité, fait cuire les rognons destinés au petit déjeuner de sa femme, assiste à un enterrement, se rend dans la salle de rédaction d'un journal et à la bibliothèque publique ; puis, il va déjeuner lui-même dans un restaurant où joue un orchestre ; après maintes pérégrinations encore, il s'arrête à l'hôpital de la Maternité, visite, au soir tombant, un abri de cochers et échoue dans une maison de prostitution ; il y retrouve Stephen qu'il ramène enfin chez lui, aux premières heures du jour. Et, peu à peu, du milieu de ce fatras énorme se dégage la personnalité de Leopold Bloom, gourmand, lascif, timide, méfiant, sans dignité, au cœur superficiellement bon, avec des prétentions à la culture, qui aime à étaler ses notions scientifiques, fraîchement acquises dans quelque manuel populaire, qui est rongé d'ambitions à la fois et de craintes, et constamment travaillé de désirs sexuels et de scrupules. Durant 732 pages, nous assistons à la fermentation, à l'âcre bouillonnement des pensées de ces deux hommes. Nous suivons les moindres repliements, les interférences, les émergences de tout ordre qui se produisent dans le plan de leur conscience. Le livre s'achève, la journée écoulée, sans dénouement d'aucune sorte, non certes parce que le romancier estime que le portrait psychologique de Leopold Bloom ou de Stephen Dedalus est terminé, mais parce que, la suite devant demeurer toujours pareille, il lui a paru inutile de continuer.

Virginia Woolf, nous l'avons vu déjà, semble avoir imité ce procédé. *Ulysses* ne parut, à Paris, qu'en février 1922, mais des fragments importants en avaient été publiés dès 1919 et 1920 dans une revue de New York, *The Little Review*, dirigée par Miss Margaret Anderson, et la romancière anglaise les connaissait sans doute au moment où elle écrivait *Jacob's Room*. Dans *Mrs. Dalloway*, qui est de 1925, l'influence est devenue, cette fois, évidente.

La journée de Clarissa qui nous est décrite dans ce roman, la seule journée de juin qui, commencée vers neuf heures du matin, finit dans la nuit suivante, vers trois heures, reproduit exactement la journée unique de juin au cours de laquelle nous suivons Leopold Bloom et Stephen Dedalus à travers les rues de Dublin, ce procédé permettant à Virginia Woolf, comme à James Joyce, d'exposer, à la manière d'une coupe pratiquée au travers d'un tissu vivant, le travail spontané, toujours ininterrompu, qui s'effectue dans la conscience de leurs personnages principaux.

Le rapprochement est même plus étroit encore. Londres joue, dans *Mrs. Dalloway,* le rôle exact que joue Dublin dans *Ulysses.* La description de la vaste cité n'y sert pas seulement de toile de fond. Le mouvement des citadins participe à celui des caractères mêmes du roman, les uns et les autres formant une sorte de vague immense, dont la masse est indivisible. On connaît la page caractéristique où Clarissa s'en va, certain matin de juin, vers Bond Street, et, ayant atteint les grilles de St. James Park, s'arrête un moment, à regarder les omnibus de Piccadilly : « Elle adore tout cela, qui est là, devant elle : cette grosse dame dans le taxi... » « Mais alors, se demande-t-elle, cesser de vivre, ce n'est rien ; tout cela continuera sans moi... A moins que, dans les rues de Londres, sur le flux et le reflux des choses, ici ou là, je ne survive, Peter aussi, que nous survivions l'un dans l'autre ; je suis mêlée, là-bas, j'en suis tout à fait sûre, aux arbres de chez moi, à cette maison, là-bas, bien qu'elle soit laide, qu'elle tombe en ruine, à des gens que je n'ai jamais vus ; je m'étends comme de la brume entre les personnes que je connais le mieux, qui me soulèvent comme j'ai vu les arbres soulever la brume sur leurs branches ; mais cela s'étend si loin..., ma vie..., moi-même. » Cette indétermination volontaire qui consiste à unir un personnage à la vie d'une cité, à insérer le grouillement physiologique et moral que représente la conscience d'un individu dans le tumulte d'une capitale, provient en droite ligne d'*Ulysses,* où apparaît fréquemment cette idée d'une « perpétuelle pulsation » autour des êtres et en eux-mêmes. Virginia Woolf, en plongeant Clarissa, Peter Walsh et les Warren Smith au cœur de la vie londonienne, ne fait que suivre l'exemple de James Joyce, qui, avant elle, avait uni si intimement Bloom et Dedalus à la vie dublinoise. L'un et l'autre cherchent à établir un lien profond entre le petit univers incohérent qu'est un homme, et l'unité immense d'une grande ville, celle-ci, avec son agitation et sa rumeur de foule, représentant le Tout mystérieux où s'intègre l'expérience personnelle de quelques individus seulement.

Mais si Virginia Woolf a rencontré, dans l'œuvre de Proust et de Joyce, des modèles dont elle s'est inspirée largement, si elle a trouvé en eux des écrivains selon son esprit, qui ont recueilli d'abord attentivement les impressions que la vie déposait dans leurs consciences, puis qui les ont analysées, qui ont même poussé cette analyse jusqu'au point où elle devient à son tour, selon l'observation de Conrad, une création véritable [1], notre romancière n'a point manqué, à son habitude, d'interpréter à nouveau les données qui lui étaient offertes, d'assouplir à sa convenance les méthodes mêmes qu'elle emprunte, de s'écarter ainsi grandement, sur nombre de points, de ses modèles.

Son effort personnel est, avant tout, un effort de réduction, de concentration, de cohésion intime. Elle aussi veut enclore dans son roman la continuité et la mobilité de la vie intérieure, mais, abordant cette tâche d'un angle nouveau, elle a ramené son abondante matière à une mesure soigneuse et stricte, elle l'a adaptée à la tournure spéciale de son esprit, tout de délicatesse élégante et d'ingénieuse réserve. Loin de prétendre par exemple, comme Proust et Joyce, écrire une immense chronique de la vie sociale contemporaine ; au lieu de se faire, comme le premier, le mémorialiste du Faubourg Saint-Germain, de nous dépeindre une caste aristocratique, aujourd'hui assez mêlée du reste, tiraillée entre ses conventions et ses préjugés, demeurés si hautains, et la nécessité, devenue urgente, de faire place à la bourgeoisie d'affaires ; au lieu de s'acharner, comme le second, à la description minutieuse de tous les quartiers de Dublin, des avenues magnifiques aux bas-fonds les plus sombres, derrière les docks ; au lieu donc de vouloir constituer, soit par les seize volumes d'*A la recherche du Temps Perdu*, soit par les dix-huit épisodes d'*Ulysses*, un répertoire d'observations documentaires, dont aucune n'est inventée, ni rejetée, Virginia

[1] *Proust as creator*, dans *Marcel Proust. An English Tribute*, *op. cit.*, p. 126.

Woolf exploite un domaine beaucoup moins ample et, il faut le reconnaître, moins richement humain. Contrairement à ses prédécesseurs, elle n'estime pas que tout puisse être introduit dans un roman. Elle a vu le danger que n'avaient évité ni Proust, ni encore moins Joyce, malgré les correspondances homériques nombreuses, et le semblant de structure emprunté à l'*Odyssée* que ce dernier avait introduits dans son œuvre : donner au lecteur l'impression, non pas, comme on se le proposait, de l'immensité cohérente de l'univers, mais de son incohérence presque étourdissante. Elle s'est efforcée, en ce qui la concerne, avec une discrétion toute féminine, de ne point tomber dans ces erreurs qui, déclare superbement Stephen Dedalus, « découlent de la volonté de l'homme de génie, et sont les portails de la découverte ».

Au lieu d'écrire des ouvrages interminables, où les paragraphes, les phrases, les parenthèses elles-mêmes sont sans limite, de faire de son œuvre, comme Proust, un immense « caquetage merveilleusement orchestré [1] », d'être incapable, ainsi que le remarquait Arnold Bennett, « de maîtriser ses mouvements, d'apercevoir un sentier qui se détache de l'avenue centrale sans y détaler au plus vite [2] », de donner à son style une amplitude sinueuse où tant de soins obstinés s'accompagnent d'une apparence si aimablement nonchalante ; au lieu de vouloir, comme Joyce, avec un entêtement qu'elle juge pervers, transformer chacune de ses

1 L'expression est de Raphael Cor : *Un romancier de la vertu et un peintre du vice. Charles Dickens et Marcel Proust*, 1928, p. 115.

2 *The Last Word*, dans *Marcel Proust. An English Tribute*, *op. cit.*, p. 146.

pages en une cataracte de phrases bizarres, où s'entrechoquent des vocables de toute description : pédants ou grotesques, sublimes ou orduriers, de toutes provenances aussi : archaïsmes ou néologismes, mots étrangers ou termes techniques ; au lieu de bousculer la grammaire, depuis la simple ponctuation, presque ignorée désormais, à la syntaxe qui n'est plus elle-même qu'une manière de sténographie haletante, d'empiler dans le même paragraphe, avec une virtuosité inlassable, les idées les plus hautes et simples, et des calembours absurdes, des notations d'une sensibilité exquise et des termes ramassés dans l'argot le plus grossier, à tel point que le lecteur, ahuri par ce déluge verbal, se demande s'il se trouve en présence d'une désorganisation monstrueuse, qui tiendrait de la démence, ou de la mystification, ou en face d'une organisation véritablement géniale, devant laquelle, malgré tout, son honnête cerveau demeure confondu, Virginia Woolf, tout au contraire, écrit des romans généralement courts, presque succincts, et qui tranchent sur la manière anglaise, traditionnellement désireuse de ne rien omettre. D'une main sévère et subtile ensemble, elle exclut de son œuvre tout ce qui n'est pas significatif de sa « vision » personnelle. Elle tend, non à la force massive dont elle serait incapable, mais à l'harmonie délicate. Elle fait de la sélection rigoureuse la condition première de sa production littéraire. La simplification, à laquelle elle atteint parfois, n'est que le résultat de sa peine patiente. Sa marque personnelle, en face de la puissance de Proust ou de l'âpre robustesse, qu'elle estime si déplaisante, de Joyce, est l'affinement.

Au lieu encore de nous entraîner, comme Proust, dans les ruelles scabreuses de Sodome et de Gomorrhe, de nous montrer l'agitation fébrile, surtout cérébrale, mais tortu-rante, de l'homosexualité, d'insister sur l'exacerbation inquiète et les « clairvoyantes douceurs » de la maladie, les malades, ainsi qu'on lit dans *Les Plaisirs et les Jours,* « se sentant plus près de leur âme » ; au lieu, comme Joyce, de faire une place si large à l'obsession sexuelle, de s'attarder sur des pensées et des rêveries d'une brutalité un peu nauséeuse, dans le dernier épisode d'*Ulysses*, par exemple, où Mrs. Bloom, couchée à côté de son mari, livre au lecteur, quarante-deux pages durant sans ponctuation d'aucune sorte, sa vie entière de chanteuse aux mœurs faciles, au lieu de rappeler ainsi Rabelais comme Proust nous faisait parfois penser à Saint-Simon, Virginia Woolf manifeste toujours, dans le choix de son sujet, une délicatesse extrême. Non seulement ses caractères, pudiques et froids, semblent ignorer la vie des sens, mais, loin d'être énormes comme ceux de Joyce, ou avides comme ceux de Proust, ils baignent dans une atmosphère immatérielle, presque indéfinissable. Leurs paroles ont la résonance d'une cloche lointaine, dont le vent ne nous apporte, par bouffées, que des échos ténus. De la distance intervient toujours entre eux et nous, où les vibrations se prolongent, où notre imagination personnelle entre en jeu. A son observation, délibérément réaliste, de la substance brute de la vie, la romancière anglaise ne laisse pas d'ajouter toujours une grande part d'impressionnisme psychologique, qui la transfigure.

Si peu soucieuse qu'elle se montre de construire son roman selon une architecture arrêtée d'avance, d'imposer à son effort pour saisir le mouvement de la conscience une méthode de simplification rationnelle, Virginia Woolf manifeste enfin, à travers toute son œuvre, un besoin sincère de clarification, et comme le désir, ici tout personnel, de faire de chacun de ses romans, grâce à l'unité, la cohérence, l'équilibre interne qu'elle y introduit, un ensemble véritablement organique. Non contente d'associer le sentiment de la beauté, frémissante et fugitive, à sa transcription de la réalité psychologique, elle garde toujours très vif en son esprit le sens de la tradition, même la plus grave, le souvenir de Sir Thomas Browne, par exemple, bien plus encore que celui de Laurence Sterne. La lecture de ses auteurs favoris l'intéresse plus que celle des psychanalystes les plus récents, et son objet est, non pas de décrire, en clinicienne, des troubles et des dislocations psychiques, mais de peindre l'âme humaine telle qu'elle l'a observée, de nous en apporter une interprétation originale. Bien que, sous l'influence des théories philosophiques contemporaines, et d'accord avec quelques-uns des plus grands romanciers d'aujourd'hui, elle tourne de préférence son attention vers les problèmes de la vie intérieure, elle ajoute toujours, à sa curiosité de l'expérience psychologique, une sorte de finesse inquiète, comme si elle écrivait seulement à la clarté d'une lampe fragile et pâle. De même qu'empruntant à Proust le procédé du dîner chez les Guermantes, elle a réduit de cent cinquante à quarante pages le récit du dîner chez les Ramsay, de même elle s'écriera, à propos d'*Ulysses* : « Quel gaspillage d'énergie ! », et ailleurs encore : « *Ulysses* a été une catastrophe mémorable, immense par son audace, mais terrifiante dans son désastre. » Ce désastre, elle a tenu à l'éviter elle-même. Elle aussi a voulu intercepter « le courant de la conscience », l'endiguer au moins, pour l'examiner à loisir. Elle a fait passer dans son œuvre, non l'élan profond de ce courant, mais les remous légers de sa surface, son clapotis, si allègre et ténu ensemble, et toutes les nuances chatoyantes qui y glissent inlassablement. Si nombreuses que soient les sources qu'elle a visitées, Virginia Woolf y a toujours puisé avec une coupe qui lui appartient en propre, du métal le plus délicat, dont la courbe est la plus nerveuse, qui est ainsi la plus finement personnelle qu'on puisse imaginer.

VI

Les deux œuvres récentes : Orlando *(1928) et* The Waves *(1931)*

Cette personnalité apparaît plus évidente que jamais dans les deux dernières œuvres de Virginia Woolf, dans *Orlando,* publié en 1928, et *The Waves* (*Les Vagues*), qui ont paru en 1931 seulement. Un changement très marqué se manifeste ici. La romancière anglaise continue, sans doute, d'emprunter aux données de la psychologie contemporaine la substance de son roman, de faire de l'action et des personnages qu'elle y introduit comme autant d'aspects divers d'un subtil problème. La méthode qu'elle emploie ayant été entièrement renouvelée cependant, notre auteur atteint ici, dans ses deux œuvres les plus récentes, à une conception du roman de tous points originale.

Orlando s'intitule « une biographie ». Quand s'ouvre le livre, en 1590, au début de la période élizabéthaine, l'année même où Shakespeare écrit sa première pièce, *Peines d'Amour Perdues,* où Spenser publie les trois premiers livres de *La Reine des Fées,* Orlando est en train de s'escrimer, à grands coups de sa lame sifflante, contre une tête de Maure, desséchée et noire, qui est suspendue aux poutres, et « que son père, ou peut-être son aïeul, avait décollée des épaules d'un énorme infidèle surgi soudain, au clair de lune, dans les champs Barbares d'Afrique [1] ». Orlando est un jeune homme de seize ans à peine qui, avec ses longues boucles sombres, son nez d'une seule courbe, « tel le vol court et tendu d'une flèche », ses yeux « comme des violettes trempées, de grands yeux que l'eau semblait emplir et dilater encore », avec ses jambes sveltes, « la plus élégante paire de jambes qui ait jamais porté un corps de jeune gentilhomme », est d'une rare beauté. Il habite un château gigantesque où l'on peut loger mille hommes et près de deux mille chevaux, entouré d'un parc de quinze milles de tour, et d'une muraille d'enceinte haute de dix pieds, le somptueux domaine lui ayant été légué par sa

[1] Nous empruntons nos citations à la traduction française de Charles Mauron (Stock, 1931), qui, lui-même critique compétent des lettres anglaises, et déjà connu comme traducteur de E. M. Forster, a rendu avec beaucoup de bonheur, et une fantaisie un peu débordante parfois, « le roman, la rêverie, le poème » qu'est, tout ensemble, *Orlando*.

famille, une des plus anciennes d'Angleterre, où elle était venue avec les Césars de Rome. Malgré sa richesse et son charme personnel, Orlando vit à l'écart dans son château, et s'y livre à l'indolente et sombre douceur de s'y sentir à jamais seul. La vieille reine Elizabeth l'y vient visiter un jour cependant, en grande pompe. Tout usée et courbée qu'elle soit avant l'âge, et goûtant d'autant plus l'innocente simplicité, elle s'éprend du noble jouvenceau, et l'embrasse pendant son sommeil, sans qu'il s'en doute. Quelque temps après, elle le convoque à Whitehall, lui confère le titre de Trésorier et de Grand Intendant, le destine à une carrière splendide, avec l'espérance de faire de lui « le chêne à quoi elle appuierait sa ruine ». Mais Orlando lui préfère les fraîches joues rouges de la fille de l'aubergiste, et le bavardage spirituel de la nièce du garde-chasse. En grande faveur à la Cour dans les premiers temps du règne de Jacques Ier, il n'en continue pas moins, par les soirs d'été fleuris de tulipes et bourdonnants d'abeilles, à courir les cabarets et les jeux de quilles des bords de la Tamise, à s'y joindre aux matelots qui rapportent du continent espagnol des récits pleins de misère, d'horreur et de cruauté, à s'endormir même parfois dans les bras de quelque belle fille hardie, sur un bateau de corsaires, parmi les sacs de butin. Tandis qu'on le fiance successivement, dans l'entourage de la Cour, à Clorinda, à Favilla, à Euphrosyne, il s'éprend à la folie de la fringante Sacha, une jeune princesse russe qu'il a rencontrée sur la glace, pendant le Grand Gel, qui fait partie de la suite de l'Ambassadeur moscovite, qui est svelte et sinueuse, vive comme une alouette, dont les yeux semblent sortis des profondeurs de l'océan, qui est vêtue d'un habit de velours couleur d'huître garni d'une fourrure étrange, à reflets verts. Orlando est rarement loin d'elle. Ils s'en vont, patinant de compagnie sur la rivière, s'arrêtant dans quelque crique isolée aux rives frangées d'osiers jaunes, pour connaître les joies de l'amour. Mais quelque franche que parût la voluptueuse Sacha, il y avait en elle quelque chose de masqué, d'embrumé. « Ainsi la flamme verte semble cachée au cœur de l'émeraude, et le soleil captif au cœur de la colline ». Orlando la surprend une fois sur les genoux d'un matelot basané, d'une « brute de mer », et bientôt après, alors qu'ils avaient décidé de s'enfuir en Russie, elle s'échappe et disparaît, sans le prévenir seulement. Le noble amoureux bafoué n'arrive sur le rivage que pour voir le vaisseau moscovite qui emporte l'infidèle cingler, les ailes noires flottant au mât de misaine, vers la haute mer.

Exilé de la Cour, où sa conduite avec la femme cosaque a fait scandale, Orlando se retire dans le château paternel, et, dans sa solitude extrême, s'adonne de nouveau à la poésie. Il est en effet affligé, depuis son enfance, de l'amour de la littérature. Sa tête déborde de rimes. Il lit tard chaque nuit. Il ne se couche jamais sans avoir frappé quelque image heureuse, si bien qu'avant qu'il eût vingt-cinq ans, il avait amassé quarante-sept manuscrits : pièces de théâtre, récits, romans en prose, en vers, en français, en italien même, tous romanesques et fort longs. Pour tâcher d'oublier le visage moqueur de la princesse perdue, Orlando fait venir de Londres le poète Nick Greene, sardonique et lippu, qui a tant d'esprit mais tant d'irrespect, qui prend des libertés si scandaleuses avec Dieu et la femme, dont les plaisanteries font rire les servantes qui le méprisent, dont les paroles sont si aigres, cependant, si criailleuses, le regard si sauvagement soupçonneux que le mélancolique Orlando en est bientôt harassé. A peine rentré à Londres, Nick Greene, à qui le jeune poète avait eu l'imprudence de communiquer une de ses tragédies les mieux venues, écrit, à la volée, un pamphlet virulent : « Visite à un gentilhomme de la campagne », qui achève de dégoûter celui-ci. Meurtri aussi profondément par l'écrivain plébéien que par la princesse félonne, Orlando dépêche un de ses valets de pied en Norvège avec mission d'acheter, dans les propres chenils du roi, le plus beau couple de chiens courants, mâle et femelle. « Car », murmure-t-il dans un souffle, en retournant à ses livres, « j'en ai fini avec les hommes ».

Lorsque nous le retrouvons à la fin du dix-septième siècle, Orlando, qui vient d'avoir trente ans, a été envoyé par Charles II, sur l'intervention de Nell Gwynn, comme Ambassadeur Extraordinaire à Constantinople. Il y remplit ses devoirs avec un zèle si inlassable et un si merveilleux succès que le roi ne tarde pas à l'élever au plus haut rang de la pairie, à lui conférer le titre de Duc, et l'Ordre du Bain. Pour fêter cette accession, Orlando donne une fête d'une splendeur jusqu'alors inconnue sur la Corne d'Or. Le lendemain, il est trouvé profondément endormi par ses secrétaires particuliers. « Des jours passèrent. Quand il s'éveilla enfin, s'étira, se leva, Orlando était une femme. »

Son caractère, cependant, ne subit aucune perturbation

violente. Orlando avait, en changeant de sexe, changé sans doute d'avenir, mais non de personnalité. Il, ou plutôt elle avait gardé presque intacts tous les souvenirs de sa vie passée, « une légère brume, peut-être, en noyant seulement les contours, comme si, dans le clair étang de la mémoire, quelques gouttes sombres se fussent diffusées ». Rentrée à Londres, après un aventureux séjour parmi une tribu bohémienne qu'elle avait choisie d'abord pour famille, Orlando, dans les habits d'une jeune Anglaise de qualité, trouve la capitale transformée. C'est maintenant le temps d'Addison, de Pope et de Swift, et Orlando qui, « comme les femmes est devenue un peu moins vaine de son cerveau, et, comme les femmes, un peu plus vaine de sa personne », s'introduit dans la société des hommes de lettres. Elle les reçoit chez elle, dans sa grande maison de ville, à Blackfriars, et parfois, quand il fait beau, les emmène à sa maison de campagne, où elle les traite royalement, « leur prodigue son vin, glisse sous leur assiette, à dîner, quelques billets de banque, qu'ils prennent fort aimablement, agrée leurs dédicaces, et s'estime hautement honorée par cet échange ». La conduite d'Orlando cependant garde un tour inattendu. Bien qu'elle fût femme, elle ne mettait jamais plus de dix minutes à s'habiller. Avec l'audace et l'énergie d'un homme, elle n'en tremblait pas moins à la vue du danger couru par un autre, « éclatait en sanglots pour un rien, ignorait la géographie, et soutenait cette absurdité, par exemple, qu'aller vers le sud c'est descendre ». Sa démarche, surtout, demeure un peu étrange. Comme elle est souvent distraite, qu'elle pense à la poésie quand il aurait fallu penser à du taffetas, « elle s'avance d'une façon un peu trop dégingandée pour une femme, peut-être, et ses gestes abrupts ne laissent pas de mettre en danger, à l'occasion, une tasse de thé ». Choisissant son habit, au reste, selon qu'elle jugeait utile de paraître homme ou femme, « échangeant contre la probité des culottes la séduction des jupes », elle connaît la joie d'être aimée des deux sexes également. Il est très certain, en tout cas, qu'elle récolte ainsi double moisson. Elle court la ville à la recherche d'aventures, en quête de la vie et d'un amant. Elle se bat en duel, commande une frégate du Roi, danse nue sur un balcon, s'enfuit avec une certaine dame aux Pays-Bas où le mari, dit-on, les suivit. Lorsqu'elle rentrait de ces expéditions, elle se plaisait à passer sous les fenêtres d'un café où elle pouvait voir, sans être vue, les beaux esprits du temps, et imaginer, d'après leurs gestes, les propos sages, spirituels ou malicieux qu'ils échangeaient sans doute, mais dont elle n'entendait pas le premier mot ; ce qui était peut-être un avantage. C'est ainsi qu'un soir elle se tint une demi-heure à regarder sur une jalousie trois ombres : celles du Docteur Johnson, de Boswell et de Mrs. Williams, qui buvaient du thé à la même table, dans une maison de Bolt Court.

Lorsque s'ouvre le dix-neuvième siècle, Orlando, qui s'est à peine rendu compte du passage du temps, a juste atteint sa trente-deuxième année. Malgré le bouleversement que le siècle nouveau apporte dans le tempérament de l'Angleterre, malgré l'humidité qui l'envahit comme l'eût fait l'ennemi le plus insidieux, Orlando, toujours repliée sur soi, toujours attendrie par les animaux et la nature, toujours passionnée pour la campagne et les saisons, poursuit son existence solitaire. L'esprit victorien lui étant violemment antipathique, elle ne quitte plus guère son parc immense, où elle erre certains jours, nerveuse et défaillante, avec « l'envie, sauvagement, de suivre les oiseaux jusqu'au bout du monde, de se jeter dans l'eau spongieuse, et d'y boire l'oubli, tandis que résonnerait sur sa tête le rauque éclat de rire des freux ». Au cours d'une de ces escapades étranges, elle trébucha un jour sur de rudes racines de bruyères, et tomba : elle s'était démis la cheville et ne put se relever. Un homme, qui passait au trot de son cheval, s'arrêta. « Madame », cria l'homme en sautant à terre, « vous êtes blessée ! — Je suis morte, Monsieur », répliqua-t-elle. Quelques minutes après ils étaient fiancés.

Le bel inconnu s'appelle, romantiquement, Marmaduke Bonthrop Shelmerdine. Il y a en lui on ne sait quoi de chevaleresque, de passionné, de mélancolique, et cependant de résolu, qui s'accorde avec son nom sauvage. Il possède un château dans les Hébrides, mais qui n'est plus qu'une ruine. Il a été soldat, marin, explorateur en Orient. Il a consacré sa vie à la plus magnifique et la plus désespérée des aventures : doubler le Cap Horn en pleine tempête. Orlando, qui s'est éprise follement de lui, vit désormais « dans un état rêveur, amoureux, consentant, domestique, un peu langoureux ». Elle l'a à peine épousé qu'il repart pour le Cap Horn et ses tempêtes. Plus solitaire que jamais, elle met la dernière main à son poème, *Le Chêne*, auquel elle travaillait depuis près de trois cents ans, et dont elle avait porté le manuscrit sur elle, en des circonstances si hasardeuses. Elle met heureusement au monde un fils, mais quoiqu'elle eût maintenant atteint trente-six ans, ne paraît pas plus vieille d'un seul jour. « Elle a toujours un air aussi boudeur, aussi morose, aussi charmant, un teint aussi frais (comme un arbre de Noël avec un million de chandelles, avait dit Sacha) que ce jour d'autrefois sur la glace quand, sur la Tamise gelée, tous deux s'en étaient allés, patinant... »

Et voici le moment présent. Le ciel n'est plus aussi dense, aussi gorgé d'eau, aussi scintillant d'arcs-en-ciel que du temps de la Reine Victoria. Orlando, qui est venue faire des courses à Londres, chez Marshall et Snelgrave, dans Oxford Street, rentre à la campagne, et sa voiture « vole, vire, se faufile, glisse, car Orlando est une admirable conductrice, le long de Regent Street, de Haymarket, sur Westminster Bridge, le long de la vieille route de Kent ». Le soir du même jour, « la nuit étant venue, la nuit qu'elle avait toujours aimée, la nuit où les reflets, dans l'étang sombre de l'esprit, scintillent plus clairement que le jour », alors que la lune se levait avec lenteur sur la lande, et que le vent soufflait, elle entendit le grondement d'un avion qui approchait. « Ici, Shel, ici ! », cria-t-elle, en présentant à la lune sa poitrine nue où ses perles brillaient comme les yeux d'une énorme araignée lunaire. Et lorsque Shelmerdine, devenu maintenant « un beau capitaine marin », sauta, les joues fraîches, alerte, sur le sol, le douzième coup de minuit sonna, le jeudi onze octobre mil neuf cent vingt-huit.

La « biographie » que prétend être *Orlando* appartient, on le voit, à un genre très particulier. C'est une biographie non seulement « romancée », à la mode du jour, mais essentiellement romanesque, notre longue analyse n'ayant pu retenir qu'un nombre restreint d'incidents, parmi ceux, toujours si pittoresques, qui y foisonnent. Cette biographie est une manière de conte de fées moderne, tout tramé de faits inattendus, incroyables, pour lesquels aucun essai d'explication ne nous est d'ailleurs offert, comme tout bourré même de métamorphoses prodigieuses. Le personnage d'Orlando, si extraordinaire qu'il soit, puisqu'il résume en lui la suite des générations qui s'échelonnent du XVIe au XXe siècles, et malgré que l'auteur s'y soit écartée du premier devoir d'un biographe qui est, selon elle « de placer ses pieds avec exactitude dans les pas indélébiles de la vérité, sans un coup d'œil à droite ou à gauche, sans caprice coupable pour les fleurs, sans égard pour les fantaisies de l'ombre », ce personnage étrange donc apparaît cependant au lecteur sous des traits précis et nets. C'est même un portrait réel, semble-t-il, pris sur le vif, celui d'une amie personnelle de Virginia Woolf, Miss Victoria Sackville-West, aujourd'hui Mrs. Harold Nicolson, dont plusieurs photographies illustraient les pages de l'édition originale de l'ouvrage, et qui est elle-même un écrivain, poète et romancière, de grand talent. Les détails vrais abondent dans ce portrait. La description du château de famille dont a hérité Orlando, par exemple, est celle du château de Knole, qui fut donné par la Reine Elizabeth à son Lord Trésorier, Thomas Sackville, et qui existe encore aujourd'hui. Virginia Woolf a pu remarquer également à Knole le portrait d'un adolescent, vêtu à la mode du XVIe siècle, et qui ressemble singulièrement à Miss Sackville-West. « Et voici, comme on en a fait la remarque, une des clefs d'*Orlando*, peut-être le secret de sa naissance. Car le jeune homme du portrait est l'Orlando qui joue de l'estoc vers 1590, au début du roman ; et Miss Sackville-West (dont le poème *La Terre* a obtenu le Hawthornden Price) est l'Orlando de 1928, celui de la fin, celui qui rentre à Knole en auto après avoir gagné un prix de deux cents guinées pour son poème *Le Chêne* [1]. »

Ces rapprochements divers, pour pittoresques qu'ils soient, n'en constituent pas moins un simple artifice, que rehausse même un grain de mystification un peu facile. Le sujet véritable d'*Orlando* semble être le problème des sexes, ce problème encore « tout irrésolu », et qui retient depuis si longtemps, nous l'avons noté déjà, l'attention de notre romancière. « La différence entre les sexes, écrit-elle, est, par bonheur, des plus profondes. Les habits ne sont qu'un symbole de la réalité enfouie au-dessous. » Ailleurs encore : « Les sexes sont séparés par des ténèbres d'erreurs, par une zone d'obscurité où flottent tant de choses troubles. » N'empêche que les sexes, « si différents qu'ils soient, se combinent pourtant. Tout être humain oscille d'un sexe à l'autre, et bien souvent, tandis que les habits

1 Ch. Mauron, Traduction d'*Orlando*, Préface du traducteur, p. XIII.

conservent seuls une apparence mâle ou femelle, au-dessous le sexe profond dément le sexe superficiel. Nul n'ignore les complications et les confusions qui en résultent ». C'est ainsi qu'Orlando, homme pendant un siècle, et femme pendant deux autres, représente symboliquement le tempérament humain, par essence bisexué. Avec ses boucles sombres et ses ongles taillés, « ses hauts-de-chausse rouges, son col de dentelle et ses souliers ornés de choux aussi gros que des dahlias doubles », l'adolescent boudeur qui nous est présenté dans la première partie de la biographie, « qui sent le besoin de quelque chose où amarrer son cœur indécis, son cœur chargé d'épices et de langueur », offre beaucoup de traits proprement féminins déjà. Devenu femme, Orlando évoque, avec sa jupe étroite et ses cheveux courts, la silhouette de l'intellectuelle sportive, de la fille-garçon à la mode de 1930. Elle est bien femme sans doute « par l'étrangeté et la subtilité », mais elle demeure l'égale d'un homme « par la tolérance et la liberté du langage », au point que son mari lui posera un jour cette question : « Es-tu bien sûre de n'être pas un homme ? » Homme ou femme cependant, avec « toutes les métamorphoses qui ont jalonné sa vie », Orlando, « vieille de plusieurs siècles bien qu'elle se donne à peine trente-six ans », concrétise typiquement le dualisme foncier que Virginia Woolf aperçoit en toute personnalité humaine. L'ouvrage nous apporte, sous sa forme confuse, sinon délibérément énigmatique, la réponse qu'elle propose à l'épineux problème des sexes, la manière, si sérieuse en sa fantaisie même, dont elle tranche ce que Meredith appelait déjà, dans *Diane de la Croisée des Chemins,* « le dilemme sexuel ».

Nous retrouvons en outre dans *Orlando* la plupart des problèmes psychologiques que Virginia Woolf avait introduits dans ses trois grands romans antérieurs : *Jacob's Room, Mrs. Dalloway* et *To the Lighthouse,* mais traités ici d'une manière plus libre, comme plus audacieuse encore. Le problème capital de la durée d'abord. En faisant vivre un caractère pendant trois siècles et demi, en déroulant, d'Elizabeth à la Reine Anne et à Victoria, les pensées et les souvenirs d'une personne de trente-six ans, Virginia Woolf, symboliquement, signifie que le temps n'est à ses yeux qu'une réalité purement psychologique. « La longueur véritable de la vie d'une personne, écrit la romancière, quoi qu'en puisse dire le *Dictionary of National Biography,* est toujours matière à discussion. » « Le Temps, écrit-elle ailleurs, qui fait s'épanouir et dépérir les animaux et les végétaux avec une ponctualité merveilleuse, n'a pas sur l'esprit de l'homme un effet aussi simple. C'est l'esprit de l'homme, bien plus, qui agit sur le Temps avec une égale fantaisie. » L'espace, d'autre part, participe à cet élargissement presque illimité du Temps. C'est ainsi que le château d'Orlando, « massé comme une ville », était situé en un lieu bien étrange puisque, d'un mamelon tout proche, on pouvait découvrir « dix-neuf comtés anglais au-dessous de soi, et par les jours clairs trente, ou peut-être quarante si le temps était très beau. Quelquefois apparaissait la Manche, où les vagues succédaient aux vagues... A l'est on voyait les clochers de Londres et la fumée de la Cité ;

et peut-être, juste au ras du ciel, quand le vent soufflait du bon côté, se dressaient même le sommet rocheux et les crêtes dentelées du Snowdon mêlant leurs formes montageuses aux nuages ».

Si Orlando réussit enfin à garder, avec la sagesse des années qui s'accroissent, la bouillante activité de sa jeunesse, c'est que sa personnalité, qu'il vive au XVIe ou au XXe siècle, qu'il soit d'un sexe ou de l'autre, demeure toujours indépendante du « temps des pendules », et que le rapport est étroit entre le glissement des ans à travers les siècles, et le glissement des faits affectifs dans le plan de sa conscience. La nature nous ayant « bâtis d'un parfait bric-à-brac de lambeaux et de loques — le fond de culotte d'un policeman voisinant avec le voile nuptial de la Reine Alexandra — et s'étant arrangée pour ne joindre ces pièces que d'une seule et très légère faufilure, c'est la mémoire qui est la couturière, et qui certes ne manque pas de fantaisie. La mémoire pique son aiguille à droite, à gauche, en haut, en bas, d'ici, de là. Nous ignorons ce qui vient, puis ce qui va suivre... Au lieu d'être le bel ouvrage bien droit, bien solide, bien franc dont aucun homme n'aurait à rougir, la plus ordinaire de nos actions est enveloppée d'un envol d'ailes palpitantes et d'un papillotement de lumières ». C'est la mémoire en outre qui, en permettant à Orlando de « laisser choir l'opaque rideau du moment », de « plonger très loin sous le présent », le restitue dans sa vérité même, avec les *moi* différents dont il est constitué. Bien plus typiquement encore que Mrs. Dalloway, ou que Mrs. Ramsay, Orlando nous apparaît comme la somme de tous les personnages, anciens ou nouveaux, qui sont en lui, comme un symbole de cette pluralité psychologique dont la romancière a fait le thème de son œuvre. Durée et espace, mémoire et personnalité : tout se trouve concrétisé dans le caractère principal du roman, reflété, en quelque sorte, dans cette variété de *moi* toujours mobiles qu'il nous présente, « commandés seulement, verrouillés par son *Moi-Chef,* son *Moi-Clef* qui les réunit et les commande tous ».

Une attitude nouvelle de Virginia Woolf, cependant, apparaît dans *Orlando.* Tandis que notre romancière avait mis en relief, dans ses œuvres précédentes, la mobilité infinie de la vie affective, et qu'elle avait insisté sur la résonance émotionnelle que produisent les faits extérieurs dans le champ de la conscience ; tandis que sa sensibilité s'y révélait surtout, et avait même poussé, dans le portrait de Mrs. Ramsay par exemple, jusqu'à la tendresse véritable, son intellectualisme se redresse ici, qui réclame une place prépondérante. Un certain détachement critique intervient au cours de tout l'ouvrage. L'ironie, qui n'était que passagère dans les romans antérieurs, s'installe en maîtresse, avec ce qu'elle comporte de réserve un peu froide, de politesse hautaine, de raillerie acérée, de traits satiriques qui sont des caresses à la fois et des piqûres. Autour du portrait d'Orlando, qui demeure, au centre de l'ouvrage, si complexe et énigmatique, Virginia Woolf a campé un bon nombre de caractères, mi-historiques et mi-fantaisistes. Elle les a dessinés avec des lignes claires, précises, pittoresques. Elle les a agrémentés, au surplus, de maintes pointes spirituellement irrespectueuses, sinon caustiques. Nous avons entendu la noble reine Elizabeth, dont la main « nerveuse, acariâtre, maladive, était attachée à un vieux corps qui avait l'odeur d'un placard où l'on conserve les fourrures dans le camphre », « croasser ses promesses à Orlando avec d'étranges tendresses autoritaires ». De « la société d'hommes de génie » du temps de la Reine Anne, Virginia Woolf nous trace, d'une plume alerte, une série de silhouettes malicieuses. « Ils n'étaient pas si différents de nous qu'on aurait pu le croire. Addison, Pope, Swift se révélaient amateurs de thé. Ils aimaient les berceaux de verdure. Ils collectionnaient de petits morceaux de verre de couleur. Ils adoraient les grottes. Les honneurs ne leur étaient pas désagréables. Les louanges les ravissaient. Ils portaient des habits tantôt gris, tantôt prune. Mr. Swift avait une belle canne de Malacca. Mr. Addison parfumait ses mouchoirs. Mr. Pope souffrait de maux de tête. Un peu de commérage ne leur faisait pas peur. » Elle nous montre Mr. Pope encore, un jour qu'Orlando était près de lui, avec « ses yeux décochant à la fois des traits de malice, de rage, de triomphe, d'esprit et de terreur (car il tremblait comme une feuille) et qui avait l'air d'un reptile prêt à la détente avec le feu d'une topaze au front ». Mr. Addison nous apparaît « avec ses moindres rides, les moindres pensées de son esprit, sa bénignité, sa timidité, son urbanité, jusqu'au fait qu'il épousa une comtesse et mourut, à la fin, de façon très respectable ». Quant à Mr. Swift, « qui a toujours eu des façons tranchantes », il est si rude et pourtant si propre, si brutal et pourtant si bon ; il méprise le monde entier, et le voici qui parle à une jeune fille avec des mots d'enfant ; il finira — qui pourrait en douter ? — dans un asile de fous ». Lorsque nous arrivons au règne de Victoria, les fines pointes moqueuses fusent à chaque page. C'est le temps où le symbolique brouillard envahit et moisit tous les esprits, l'époque de la fade respectabilité, des évasions et hypocrisies patelines, des femmes qui se marient à dix-neuf ans et, à trente, sont mères de quinze ou dix-huit enfants, « car il y avait grande abondance de jumeaux » ; le siècle enfin de Lord Tennyson, le dernier représentant du génie dans les Iles Britanniques, et des œuvres complètes de Shakespeare en un volume coûtant une demi-couronne et tenant dans la poche ; « il est vrai qu'on pouvait à peine le lire, le caractère étant si minuscule ; ce n'en était pas moins une merveille ». Orlando, dans ses gestes prestes ou ses paroles désinvoltes, témoigne d'une liberté d'esprit toute nouvelle chez les personnages de Virginia Woolf, et qui le rattache moins à Proust et à Bergson qu'à Pope et qu'à Voltaire. Lui arrive-t-il même de changer de sexe qu'il n'en manifeste aucune surprise immodérée. De tous les ennuis qui se rattachent à sa nouvelle position de femme : « Il faudra me coiffer, et cette opération seule me prendra une heure chaque matin ; me mirer dans la glace, une autre heure ; me corseter et me lacer ; me laver et me poudrer ; quitter la soie pour la dentelle et la dentelle pour le brocart », un seul, à vrai dire, la préoccupe : « il me faudra demeurer chaste du premier au dernier jour de l'an ». Ce bavardage pimpant d'Orlando, qui interrompt sans cesse le récit, qui s'amuse à étonner le lecteur, à le mystifier même, ne laisse pas, il faut bien l'avouer, d'irriter parfois celui-ci, pour tout de bon. Il est hors de doute que la vie que décrit notre « biographe » l'intéresse beaucoup moins que le commentaire, toujours original et piquant, dont elle l'accompagne.

Et à côté de ce bel esprit, de cette « netteté définie qui rappelle le XVIIIe siècle », et qui est nouvelle chez Virginia Woolf, paraît dans *Orlando,* non pour la première fois sans doute, mais avec des nuances plus accusées ici qu'en aucun des ouvrages antérieurs, une fantaisie imaginative qui évoque les poètes de la Renaissance. Non seulement la partie proprement élizabéthaine du volume est la plus réussie, la somptueuse description, notamment, du Grand Gel et de la fête donnée sur la glace lors du couronnement de Jacques Ier, mais cette fin du XVIe siècle anglais semble projeter sur toute la suite du récit son éclat particulier, ses couchers de soleil « plus rouges et plus intenses, ses aubes plus blanches et plus aurorales que les nôtres », jusqu'à son atmosphère si ingénument, si violemment amoureuse, « les jeunes hommes mettant en pratique ce que les poètes chantaient dans leurs vers », les jeunes filles, qui étaient des roses, devant être cueillies avant la tombée de la nuit : « car le jour était court, et le jour était tout ». La romancière a beau s'être entourée, comme elle l'affirme gravement dans sa souriante préface, d'autorités historiques de tout ordre, et avoir mis à contribution les compétences spéciales, si diverses, de sa famille et de ses amis : elle a communiqué surtout à son travail, sinon une spontanéité véritable, du moins une grâce capricieuse, une sorte de verve dansante, où se marient le prodigieux et le fantasque. L'air qui y flotte, fait d'aisance, de souplesse, et de vigueur ensemble, de bonheur oisif, souvent mélancolique, et de nostalgie luxueuse, suggère aussitôt à l'esprit les comédies romanesques du jeune Shakespeare, et, singulièrement, *As you like it.* Là aussi les personnages vivent en dehors des limites normales du temps et de l'espace, habitent des forêts lointaines, inaccessibles, enchantées. Les jeunes filles s'y déguisent en alertes bergers qui, sous leurs habits d'homme, s'abandonnent à l'ardeur de vivre, l'amour demeurant cependant pour elles quelque chose de clair, de prestement moqueur, une sorte d'« allègre badinage » qui ne se hausse jamais jusqu'à la tendresse. Bien plus, l'Orlando de Virginia Woolf, dont le nom est précisément celui d'un des personnages principaux de *Comme il vous plaira,* semble combiner en lui les deux caractères shakespeariens d'Orlando et de Rosalinde. Il est, comme l'Orlando élizabéthain, un modèle de courage et de noblesse, de respect filial et de courtoisie. Il a, comme lui encore, l'esprit prompt et le sang vaillant, et il n'a aucune peine à gagner, par son élégante bravoure, tous les cœurs féminins qui l'approchent. Comme Rosalinde elle-même, d'autre part, Orlando devenue femme continue de manifester un penchant à la raillerie rieuse, voire à la repartie espiègle, une expérience, en même temps, fort avertie du train du monde, mais parfois aussi un éblouissement total devant l'amour. La beauté, dans la « biographie » de Virginia Woolf comme dans la comédie de Shakespeare, ne va pas sans caprices, l'amour sans brusqueries inexpliquées, le burlesque, l'excentricité même, y jouant leur rôle. L'atmosphère qui règne dans les deux œuvres est toute de paix heureuse, celle des soirs d'été si propices aux songes, « comme si toute la fertilité et l'activité amoureuse de la nuit y avaient tissé leur toile ». On retrouve dans *Orlando* le « clair obscur continuel » qui baigne *As you like it*, « avec ses imprévus, ses suggestions, ses échappées spirituelles [1] ».

Ouvrage étrange, en résumé, essentiellement hétéroclite, qui surprend le lecteur à chaque page, qui, tour à tour, le confond et l'enchante. Nous sommes ici dans le domaine propre de la comédie romanesque, où, quelques faits ayant été imposés au spectateur dès l'abord, sans explication d'aucun genre, tout coule ensuite naturellement, le possible et l'impossible ensemble. Le passé y est toujours prêt à empiéter sur le présent, l'histoire, avec ses splendeurs lointaines, à se prolonger par les avenues brumeuses du rêve. Non seulement l'intuition bergsonienne et proustienne, avec ses plongées dans les silencieuses profondeurs de l'esprit, ses recherches dans les longs couloirs secrets « qui sont en chacun de nous », vers « les mille chambres qu'il faut explorer à la torche », s'accorde-t-elle ici de tous points avec la féerie shakespearienne, avec son fouillis lumineux et ses nuances sans cesse changeantes, avec la pétulance de ses caprices ou la nostalgie sincère de certaines musiques caressantes : Virginia Woolf y ajoute une subtilité intellec-

[1] Lucien WOLFF, *Comme il vous plaira*, traduction française, Collection Shakespeare, 1923, Introduction, p. XIX.

tuelle, celle-ci toute moderne, une agilité audacieuse dans l'analyse qui lui est toute personnelle, une sorte de raffinement volontaire, toujours « mystérieusement tendu, comme si un accordeur de pianos, lui mettant sa clef dans le dos, lui avait tiré les nerfs à les rompre ». *Orlando* se termine, précisément, quand sonne « le douzième coup de minuit, le jeudi onze octobre mil neuf cent vingt-huit » : l'impression finale que laisse l'ouvrage est pourtant que « rien n'existe », que tout n'est que vapeur et qu'enchantement. Sans avoir rien abandonné des qualités maîtresses de ses ouvrages antérieurs, Virginia Woolf, qui a pris, à écrire cette « biographie » énigmatique et d'une malice si radieuse, un plaisir évident, semble s'y être livrée surtout, par manière de détente peut-être, à « son goût pour la fantasmagorie et les mirages [1] ».

Et c'est de fantasmagorie et de mirages qu'il s'agit uniquement dans la dernière œuvre de Virginia Woolf : *The Waves* (*Les Vagues*), dont la publication, en octobre 1931, a produit dans le monde littéraire anglais une véritable sensation. Bien que l'œuvre s'intitule de nouveau un « roman », et qu'elle se rattache ainsi à la trilogie formée par *Jacob's Room, Mrs. Dalloway* et *To the Lighthouse,* elle demeure singulièrement inconventionnelle, et très près encore, par certains côtés, de l'originale « biographie » qu'était *Orlando*. De fait, ce roman dont l'action et les personnages sont empruntés à la vie contemporaine paraît

1 Paul DOTTIN, *Les Sortilèges de Mrs. Virginia Woolf, Revue de l'Enseignement des Langues Vivantes*, juin 1930, p. 255.

plus inactuel, plus irréel même que le récit des aventures prodigieuses du jeune Élizabéthain devenu femme aux abords de 1700, et accueillant, en 1928, son mari qui accourt, en avion, du Cap Horn. *The Waves* constituent en effet une tentative hardie pour exprimer, de façon toute nouvelle, la vie mystérieuse d'une sorte de conscience collective.

Le roman met en scène un groupe de six personnages : trois femmes et trois hommes, Jinny, Rhoda et Susan, Louis, Neville et Bernard, qui nous sont présentés dès leur enfance. La bande de petites filles et de petits garçons habite d'abord une villa dont le vaste jardin descend jusqu'à la mer et, à apprendre les mêmes leçons sous les ordres de la même gouvernante, à faire ensemble la chasse aux papillons sur les parterres de fleurs, à se cacher sous les groseilliers pour y raconter des histoires merveilleuses, chacun d'eux a fini par s'imprégner d'un peu de la personnalité de ses compagnons. Quelques années passent, et les enfants étant forcés de se séparer pour entrer dans des écoles différentes, leur intimité se dénoue. Les garçons, maintenant installés dans leur Collège, s'y découvrent égoïstes, ou satisfaits d'eux-mêmes, ou plongés dans une inquiétude presque morbide. Ils s'abandonnent, soit « aux flammes capricieuses », soit au « vertigineux ennui » de leur jeunesse. Ils portent sur autrui des jugements cinglants, sur le *Headmaster* du Collège en particulier, si onctueux, qui reluit comme une statue dans un jardin public, dont le nez ressemble à une montagne au coucher du soleil, qui laisse sortir, de la poche gauche de son gilet tendu comme un tambour, un crucifix, qui affectionne les mots effrayants et résonnants. Les filles, loin des vagues et des fleurs de la villa de leur enfance, haïssent la discipline de la pension où elles ont été également envoyées, où tous les jours sont pareils, « propres et ordonnés, avec des appels de gong, des classes, des ordres de se laver, de changer de toilette, de travailler, de manger. Nous écoutons des missionnaires qui arrivent de Chine. On nous emmène en voiture, le long de rues asphaltées, pour assister à des concerts. Et l'on nous conduit dans les musées pour voir les tableaux ».

Les années ont passé. Les six personnages, que la vie a dispersés maintenant — ils sont aux abords de leur vingt-cinquième année — se réunissent un jour à l'occasion du départ pour les Indes d'un septième ami, Percival, dont chacun d'eux avait fait le héros de son enfance. Des années passent encore. Les six amis apprennent la mort de Percival, qui a été tué dans une chute de cheval, et chacun de réagir à sa manière devant ce deuil soudain qui entame les souvenirs communs d'autrefois, qui fait mourir quelque chose aussi en chacun d'eux. Des années passent encore. Les six amis ont décidé de se rencontrer dans une auberge, à Hampton Court, une après-midi de la fin d'automne. La vie, qui les a traités de manière si différente, les a à présent tout désunis. Elle les a durcis, fixés chacun dans sa condition individuelle. Leurs joues se sont creusées, leurs yeux ont perdu leur éclat, leurs curiosités se sont éteintes, les tourments ont pris leur place, « l'or a disparu d'entre les arbres de la forêt ». Des années passent encore.

Et l'un des personnages, Bernard, qui a maintenant atteint la maturité, et dont les tempes déjà grisonnent, résume, en un long monologue qui occupe toute la fin du volume, la vie et les caractères de ses amis. Comme un enfant tournant les pages d'un livre d'images, il évoque tous les clairs souvenirs du passé commun, la villa avec ses vagues et ses fleurs, avec ses papillons sur les parterres, et les oiseaux qui jaillissaient de la haie. Tandis qu'aujourd'hui, tout n'est plus que désolation, et soumission au destin. « Aux intuitions de l'enfance, la maturité oppose la connaissance de nos limitations, et que la vie est plus inexorable qu'on ne l'aurait cru. » « Nous étions tous différents. Notre cire blanche a été teintée de nuances fort diverses. Louis était dégoûté par la chair ; Rhoda par notre cruauté ; Susan se tenait à l'écart ; Neville avait besoin d'ordre ; Jinny d'amour. Nous avons souffert terriblement quand nous sommes devenus distincts les uns des autres. » Restent, sans doute, la possibilité, le devoir même de la lutte, de la bataille quotidienne, défaite ou victoire, de la poursuite dans laquelle l'être s'absorbe tout entier. Car la Mort est l'ennemi. « Contre toi, je me précipiterai, invaincu, inflexible, ô Mort ! »

Un des traits les plus singuliers de cet étrange roman que sont *The Waves* est la manière dont nous sont présentés les personnages qui y figurent. Ces personnages ne sont pas seulement, comme tous ceux de Virginia Woolf, des amis de la solitude et du silence : ils n'apparaissent ici qu'isolément, et le roman ne nous donne, en une série de monologues toujours distincts, que la réaction de leur conscience devant les événements extérieurs de la vie. A tour de rôle, ils développent, devant les vagues, leurs sentiments profonds, comparant, le plus souvent, leurs impressions présentes avec les souvenirs qu'ils ont emportés de leur enfance, l'âge d'or de leur vie. De n'entendre ainsi que le son, assez monotone, de leur voix sans les apercevoir eux-mêmes jamais, nous les distinguons mal, tout d'abord, et ce n'est qu'à une seconde lecture de l'ouvrage que les sept personnalités se détachent avec quelque précision dans notre esprit.

Il y a Percival, que nous n'entendons même pas, et dont nous ne connaissons que le prestige qu'il exerçait sur ses jeunes amis. Ce sont ceux-ci qui nous décrivent ses yeux bleus sans grande expression, son accent négligé, sa marche gauche et lourde à travers le champ de cricket. Bien que Percival ne réponde jamais à aucune des lettres qui lui sont adressées, et qu'il les laisse traîner parmi ses pipes et ses fusils, le culte que lui a voué le groupe des six enfants demeure intact. Ils continuent, à travers toute leur vie, d'apercevoir « le sillage de lumière qui se posait sur l'herbe qu'il venait de fouler », et de lui attribuer « la magnificence de quelque grand capitaine d'autrefois ». Quand il sera mort, son souvenir demeurera toujours présent au milieu d'eux, parce qu'il symbolise ce qu'avait adoré leur enfance heureuse.

Des trois filles, Jinny est la plus belle, et, très tôt, se réjouit de la puissance de sa beauté. Elle vit pour son corps, pour la flamme de vie qui est en lui, pour la beauté de son corps « qui la précède comme une lanterne au long d'une allée sombre ». Tout enfant, elle embrasse Louis au travers de la haie, et « se jette sur lui comme un filet de lumière ». Bien qu'on la gronde pour sa tête frivole et sa paresse, elle aime à porter des robes de soie, des bas fins, des colliers froids sur son cou blanc. Tour à tour languide ou pétulante, elle flotte comme une plante dans un ruisseau, elle danse comme une feuille fébrile sur la haie, comme un coquelicot ardent dans la moisson mûre, comme une flamme qui court le long de la terre sèche. Elle a soif de la vie. Elle se jette dans la vie comme dans une danse ensorceleuse. Elle s'y avance, svelte et hautaine, comme la mouette sur la crête de la vague.

Rhoda, de son côté, est une nymphe solitaire, pudique et frêle, comme toujours apeurée. Ses yeux ressemblent « à ces pâles fleurs autour desquelles se groupent les phalènes, quand vient le soir ». Sans volonté propre, gauche, timide, elle essaie d'abord d'imiter ses amis. Elle préfère cependant s'échapper loin « du monde populeux », se réfugier dans la paix de la nuit, plonger longtemps son regard dans le sillage de la lune bleue. Elle est « l'écume qui s'étale sur la grève, et emplit les moindres recoins des rochers de sa blancheur ».

Susan, au contraire, est la femme forte et résolue. Ses yeux sont verts comme l'herbe, et étroits comme ceux d'un chat avant qu'il bondisse. Fille d'un clergyman, elle est simple, sans aucune des aspirations romantiques de Rhoda, sans qu'elle désire non plus qu'on la distingue et l'admire comme fait Jinny. Au collège, elle pense, en pleurant, à la maison maternelle qu'elle vient de quitter. Plus tard, son ambition est de ressembler à sa mère « silencieuse, dans son tablier bleu, et qui ferme à clef ses armoires ». Elle ira vivre à la campagne, dont elle aime le labeur monotone. Elle commandera à ses servantes et même aux ouvriers de la ferme. Elle régnera dans la vaste cuisine où l'on dépose les agnelets qui viennent de naître, pour les réchauffer, où pendent les jambons noircis de fumée, et les oignons luisants. Elle aura beaucoup d'enfants, et ses enfants la porteront : « leur dentition, leurs pleurs, leur départ pour l'école et leur retour seront comme les vagues de la mer sous moi ».

Les portraits d'hommes, les simples silhouettes plutôt qu'en esquisse Virginia Woolf, sont plus floues, et plus complexes encore. Louis, dont l'enfance a été humiliée par la modestie de ses origines et son accent australien, était le meilleur élève de son collège. Son intelligence était si prompte, et sa ténacité si « féroce » qu'il a conquis une situation importante dans les affaires. Mais alors que ses amis adoraient la supériorité de Percival, ils sont irrités par la sienne, de sorte qu'il demeure sans attachement véritable, à la fois orgueilleux et inquiet, acerbe et soupçonneux, distant, énigmatique, malheureux profondément au milieu de son succès même. « Son âme continue de grelotter, son âme tendre, infiniment jeune, sans protection d'aucune sorte ». « Toutes les humiliations me sont une souffrance. Pourtant je suis impitoyable, marmoréen. Je ne vois pas comment vous pouvez dire que c'est un bonheur d'avoir vécu... Je vous condamne. Pourtant mon cœur est ému de tendresse pour vous. Je traverserais avec vous les feux de la mort. Pourtant c'est dans ma solitude que je suis le plus heureux... Je préfère une vue par-dessus les toits ; les chats qui grattent leurs flancs malades sur les tuyaux de cheminée ; les fenêtres cassées ; et l'appel des cloches qui vient du clocher de quelque chapelle en briques. »

Neville est un poète, et l'amour ardent qu'il porta jadis à Percival a coloré toute sa vie tranquille. Solitaire lui aussi, il aspire à gagner quelque amitié profonde. Il passe des journées à lire et relire Catulle, Horace et Lucrèce, dont il connaît chaque phrase, en son moindre détour. Il deviendra célèbre, mais il n'aura jamais ce qu'il désire, car il lui manque « la grâce du corps et le courage qui l'accompagne ». Une de ses attitudes favorites est de s'allonger dans l'herbe, sur le dos, et de contempler le ciel d'été. « Il flotte parmi ses amis comme du duvet de chardon, dans un coin de soleil, sans paraître écouter jamais, mais toujours proche. »

Bernard enfin est l'homme pratique, le chef réel de la bande. Affable, communicatif, il parle aisément, sans déplaisir. Maître de lui, en outre, d'une « sobriété logique » qui tranche sur l'affectivité dominante de ses compagnons, il concrétise en paroles ce qui n'est chez eux que sensibilités réceptives et luminosités transparentes. Il est bon, bienveillant. Il aime les hommes, non sans penser, avec humour, à la futilité d'aimer les hommes. Ses cheveux sont en désordre, sa mise négligée. Il s'avance dans la vie bourdonnant comme un essaim d'abeilles, éternellement vagabond. Si un commis-voyageur lui offre une prise de tabac dans le train, il l'accepte. « Il aime l'aspect copieux, informe, chaud, pas très malin, mais extrêmement commode et un peu grossier des choses..., ce qui est sans grande espérance, sans idéal, sans rien de ce genre, ce qui n'a d'autre prétention que de se tirer d'affaire convenablement. »

Les personnages qui figurent dans *The Waves* demeurent, on le voit, assez singuliers, sinon vraiment bizarres. Ce sont moins des personnalités distinctes que des fragments épars d'une conscience collective, moins des caractères que des silhouettes, que des « fantômes creux », selon l'expression de Bernard lui-même, « qui se meuvent confusément, sur un fond de brumes ». Ces personnages vivent non seulement en dehors du « temps des pendules », mais presque indépendamment de toute circonstance extérieure. Nous ne savons rien d'eux : ni leurs noms de famille, ni leur âge, ni le lieu où ils habitent, ni ce qu'ils font, ni s'ils sont ou non mariés. Tout dans le roman est simple suggestion. Aucun dialogue, aucune discussion, aucune idée échangée seulement. Les monologues qui s'y succèdent sont de longs apartés que les acteurs viennent prononcer sur le devant de la scène, sans se soucier les uns des autres, et dans lesquels nous n'entrevoyons que des reflets lointains du drame qui se joue. A vrai dire, ce sont moins leurs pensées et leurs sentiments qu'ils nous communiquent que l'écho, presque informulé encore, éveillé au fond de leur conscience par le choc des sensations qui résonnent à la surface, « comme un gong qu'on frappe ». A ces sensations confuses viennent s'ajouter, d'autre part, des souvenirs qui jaillissent à la manière de *leit-motifs* : les branches du groseillier sous lequel allaient se cacher les enfants pour y raconter des histoires merveilleuses ; les femmes d'Orient descendant vers la rivière, avec des cruches rouges sur la tête ; la dame qui écrivait, assise entre les deux fenêtres de la bibliothèque, tandis que le jardinier balayait les feuilles mortes dans les allées du jardin ; d'autres encore. Les caractères de Virginia Woolf sont donc ici de simples ψυχαί, des essences personnalisées, si l'on peut dire, la conscience collective des sept personnages constituant le personnage central du drame lui-même..

De sorte que l'action apparaît aussi vague, aussi « insubstantielle » qu'il est possible. Aucune péripétie ne s'y rencontre. Aucun point de repère qui puisse aider le lecteur à se diriger dans le dédale du livre. Les « hiéroglyphes qui sont écrits sur les visages des personnages » sont d'un déchiffrement laborieux. Ces personnages ont « beau s'avancer sept de front »: ils n'offrent à notre regard aucune solidité, aucune permanence, rien que « la vacillation hasardeuse de la flamme qui est en eux, qu'ils appellent cerveau et sentiment ». Ces flammes menues sont décrites ici avec une précision et une délicatesse infinies ; elles ne parviennent jamais à fournir une impression d'ensemble. « Les bulles d'air qui montent du fond du récipient où l'eau commence de bouillir » se pressent de plus à la surface ; elles ne constituent qu'autant de fragments détachés, comme des bribes de pensée encore inconsciente, avant que cette pensée ait été saisie, durcie, par les mots.

Ce que la romancière veut exprimer ici c'est le rythme, ou, selon son expression, « le populeux chaos de la vie », avant que la réflexion ou la volonté y ait introduit la moindre « différenciation ». La vie, écrit-elle ailleurs, n'a aucun rapport avec l'ordonnance d'un dîner de cérémonie : « L'extrême précision est une erreur ; c'est une commodité, un mensonge. Il y a toujours, par dessous, même si nous arrivons ponctuellement, avec nos gilets blancs et nos politesses appliquées, un torrent tempétueux de rêves interrompus, de *nursery rhymes,* de cris de la rue, de phrases à demi-finies, de paysages : ormes, saules, jardiniers qui balayent, femmes qui écrivent — lequel torrent monte et descend dans le même temps que nous conduisons une dame dans la salle à manger... Il n'y a rien qu'on puisse prendre dans une cuiller ; rien qu'on puisse appeler un événement. Pourtant, il est vivant aussi, et profond, ce courant-là. » Virginia Woolf nous entraîne, dans *The Waves,* plus loin de la réalité quotidienne qu'elle ne l'avait fait dans aucune de ses œuvres antérieures. Elle n'y laisse plus entrevoir que les choses informes, mystérieuses, toujours changeantes et mouvantes qui déferlent, comme des vagues, sur les plages souterraines de la conscience.

Et comme pour rendre moins imprécis le symbolisme qu'impliquait déjà le titre de son roman, Virginia Woolf a encadré les monologues que récitent ses personnages dans une série d'interludes qui, au nombre de neuf, décrivent, aux différentes heures du jour, de l'aurore qui blanchit à peine à la nuit noire qui tombe, les divers aspects de la mer. Les vagues ne servent pas seulement de fond de tableau aux récits individuels : leurs contours et couleurs variables représentent les variations des personnages eux-mêmes, la vie de ces personnages se déroulant selon le rythme du jour marin, le flux et le reflux de leurs émotions étant accompagnés de l'orchestre immense de la mer proche.

En plus de leur signification délibérément allégorique, ces interludes, imprimés en italiques, nous apportent une profusion d'images dont la netteté traverse l'ouvrage mystérieux d'une série de clartés exquises. Virginia Woolf, nous l'avons noté déjà, avait fait, dans ses romans antérieurs, un emploi fréquent de la vague, en tant qu'image et que symbole ensemble. Dans *Mrs. Dalloway,* par exemple, tandis que Clarissa est en train de recoudre sa robe de soie verte, la paix entre en elle, la rend calme, contente. « Ainsi, un jour d'été, les vagues se rassemblent, se soulèvent et retombent, se soulèvent et retombent, et le monde entier semble dire : « C'est tout », avec une force de plus en plus grande, si bien que même le cœur, dans le corps étendu au soleil sur la plage, dit aussi : « C'est tout. » Dans *To the Lighthouse,* pour nous borner à un autre exemple caractéristique, Mrs. Ramsay caresse, près de la fenêtre ouverte, les cheveux de son petit garçon et écoute la chute monotone des vagues sur la plage : « Leur roulement cadencé faisait à ses pensées un accompagnement reposant, et semblait lui répéter, pour la consoler, lorsqu'elle se trouvait assise au milieu de ses enfants, les paroles d'une vieille berceuse murmurées par la nature : « Je veille sur vous, je suis votre appui », mais d'autres fois, soudainement, inopinément, et cela surtout quand son esprit se dégageait un peu de la tâche présente, battait au contraire d'impitoyable façon la mesure de la vie, comme un tambourinement de fantômes, faisait songer à la destruction de l'île par la mer, à son engouffrement, et l'avertissait, elle dont les jours s'absorbaient dans la rapide succession de ses tâches, que tout dans notre existence a le caractère éphémère d'un arc-en-ciel. » Or, dans les interludes du dernier roman de Virginia Woolf, les images empruntées aux vagues débordent de toutes parts, emplissant le livre entier de leurs couleurs et de leur tumulte qui changent perpétuellement, comme la mer même. « Le soleil n'était pas encore levé. La mer ne se distinguait point du ciel, sauf que la mer était légèrement ridée, comme une étoffe qui ferait des plis. » « Le ciel s'éclaircit, comme si le bras d'une femme étendue derrière l'horizon avait élevé une lampe, et que des bandes de blanc, de vert et de jaune s'étaient dépliées à travers le ciel, comme les branches d'un éventail. » « Le soleil monta plus haut. Tout devint d'une douceur sans forme, comme si la porcelaine de la vaisselle se mettait à couler, l'acier des couteaux à devenir liquide. Cependant le bruit des vagues cognait avec un bruit sourd, comme des bûches qui tombent, sur le rivage. » « Le vent se leva. Les vagues tambourinaient sur le rivage comme des guerriers en turbans, comme des hommes en turbans avec des zagaies empoisonnées et qui, faisant tournoyer leurs armes au-dessus de leurs têtes, s'avançaient vers les troupeaux au pacage, les moutons blancs. » « Les vagues étaient d'un bleu profond, sauf à leur crête où ondulait une clarté de diamant, comme ondulent les muscles sur le dos des grands chevaux en marche. Les vagues tombaient, reculaient et tombaient de nouveau, avec le bruit sourd d'un grand animal piaffant. » « Le soleil descendait. Les vagues, en s'approchant du rivage, étaient dépouillées de lumière, et tombaient avec un grand choc long, comme tombe un mur, un mur de pierre grise, que ne traverse aucun rai de lumière. » « Les ombres s'allongeaient sur la grève. Le vieux soulier noir devint une flaque d'un bleu sombre. Les rochers perdaient leur dureté. L'eau qui entourait la barque était sombre comme si on y avait plongé des moules. L'écume était devenue livide, et laissait, de-ci de-là, un blanc reflet de perle sur le sable brumeux. »

Aussi est-ce dans la beauté du style lui-même que réside, en dernière analyse, l'intérêt principal du plus récent roman de Virginia Woolf. Sa « difficulté » demeure indéniable, et risque d'en écarter nombre de lecteurs, même intrépides. Mais à celui que n'auront dérouté ni l'étrangeté des personnages, qui ne sont que des fantômes, ni le mystère des événements, qu'il lui faudra reconstituer lui-même à la manière d'un *puzzle,* à celui que ne rebutera pas la tristesse, la désolation même qui se dégage de tout le roman, où la vie apparaît comme un désert de solitude immense, le style dans lequel il est écrit sera une source de beauté et de joies qui ne finissent point. Virginia Woolf nous fait songer, dans *The Waves,* à l'un de ces artistes vénitiens qui, avec des fils de verre irisé, élaborent de fragiles merveilles, toutes pailletées d'or. Le flot d'images coule ici sans s'arrêter jamais. Comme Bernard, l'écrivain elle-même, dès qu'elle s'assied à sa table de travail, « sent aussitôt la délicieuse bousculade de la confusion, de l'incertitude, de la possibilité, de la spéculation. Les images éclosent sur-le-champ. Je suis embarrassé de ma propre fertilité. Je pourrais décrire abondamment, inépuisablement chaque chaise, chaque table, chaque client ici en train de déjeuner. Mon esprit va bourdonnant de-ci de-là, avec son voile de mots prêts à s'adapter à n'importe quoi ». Les « *like* and *like* and *like* », les « *as if* and *as if* » foisonnent, littéralement. « Des îles de lumière nagent sur l'herbe », dit Rhoda. « On dirait qu'elles sont tombées à travers les arbres. » « Une ombre s'allonge sur l'allée », dit Louis, « comme un coude replié ». « Le coq chante comme un jet d'eau dure et rouge dans la vague blanche », dit Bernard. « Quand la fumée s'élève de la maison, le soleil », dit Louis encore, « monte en spirale du toit, comme une brume ».

A côté de ces images brèves et drues, de délicieuses aquarelles se découvrent, presque au tournant de chaque page. Par exemple : « Chez moi, dit Susan, le foin coupé forme des vagues sur les prairies. Mon père est accoudé sur la barrière, fumant sa pipe. Dans la maison, une porte bat, puis une autre, au passage du vent d'été le long de couloirs vides. Un tableau peut-être oscille contre le mur. Un pétale tombe de la rose qui est dans la jarre de grès. Les chariots de la ferme jonchent les haies de touffes de foin. » L'artifice a beau être flagrant, et, dans sa continuité, entraîner une fatigue certaine, presque épuisante. Il ne s'y mêle pas moins une douceur exquise, qui est irrésistible. Comme on bat des œufs en neige, la prose ici, constamment fouettée, « se transforme en poésie ». Les mots, « d'un gris argenté, volètent à la ronde, avec le frémissement qu'ont les ailes des papillons de nuit ». L'effort qui, dans *Jacob's Room,* s'était révélé si personnel déjà, atteint, dans *The Waves,* un si haut point d'originalité que ce point ne sera plus, qu'il ne saurait gagner non plus à être dépassé. Il n'est pas jusqu'aux longs récitatifs eux-mêmes, avec leur intensité monotone : « Bernard dit, Jinny dit, Susan dit, Neville dit, Louis dit, Rhoda dit », qui n'achèvent de transformer l'ouvrage en une lente orchestration symphonique, qui n'en fassent, à proprement parler, un roman lyrique.

VII

Réalisme et Lyrisme

L'œuvre romanesque de Virginia Woolf, au point qu'elle a atteint aujourd'hui, dessine donc une courbe nettement marquée. Partie de l'analyse psychologique minutieuse, appuyée sur l'observation la plus avertie, elle aboutit à une description de la vie profonde de la conscience, où s'exercent surtout des qualités proprement intuitives. Fondée sur une culture livresque ample et précise, sur un dédain, qui pousse parfois jusqu'à l'impertinence, envers les conventions et traditions dogmatiques de tout ordre, nourrie sinon des œuvres mêmes, du moins des idées qu'ont mises en circulation quelques-uns des maîtres de la psychologie contemporaine, tels que Bergson et James, et qu'ont adaptées dans leur œuvre Marcel Proust et James Joyce, cette œuvre s'est élevée, par une lente progression, de la définition scrupuleusement réfléchie du réel à la fantaisie et au rêve. Virginia Woolf ne s'est pas acheminée seulement de l'observation de la réalité à sa re-création véritable, qui permet de la représenter comme pour la première fois, avec une exquise fraîcheur : elle a réussi à intégrer le réalisme subtil des processus mentaux et des réactions affectives dans le domaine propre du lyrisme.

Et par cette intégration, si caractéristique du roman de Virginia Woolf, de la réalité matériellement éprouvée dans la poésie intimement sentie, notre écrivain se rattache à la grande tradition littéraire anglaise, celle qui court de Shakespeare et Spenser à Wordsworth, à Shelley, et à Meredith. Elle aussi est partie de l'attention aiguë portée à l'expérience quotidienne pour aboutir au sens du mystère, sa curiosité initiale, son imagination aidant, s'étant élargie en une sorte de respect, presque d'extase spirituelle, s'étant revêtue de je ne sais quoi de pur et d'ardent ensemble, de net et de passionné, de simple et d'inexprimable, d'exact et de métaphysique, de terrestre en un mot et de divin emmêlés, qui est une des notes dominantes du lyrisme anglais. Elle a accompli la tâche que Coleridge proposait aux poètes eux-mêmes : « Donner le charme de la nouveauté aux choses de chaque jour, et susciter un sentiment analogue à celui du surnaturel, en arrachant l'attention de l'esprit à la léthargie de la coutume, et en la dirigeant vers les merveilles du monde qui s'étend sous nos yeux [1]. » Son œuvre est un exemple caractéristique du débat, constant chez les plus grands écrivains d'Angleterre, entre l'empirisme, d'une part, c'est-à-dire le fait individuel considéré en lui-même, observé et vérifié avec une diligence minutieuse, et son élaboration spirituelle, de l'autre, les élans de l'imagination se saisissant de ce fait concret, le transfigurant en quelque chose de précis et de subtil, de lucide et de secret à la fois, le phénomène le plus banal, et le plus aisément accessible, s'identifiant ainsi à la vie profonde de la conscience, celle-ci toujours mystérieusement frémissante, et dont c'est l'écho même qui vibre dans la poésie, sinon la littérature anglaise tout entière. La vie demeure, aux yeux de Virginia Woolf, une énigme qu'il est impossible de déchiffrer. La vie est comme la mer : un moutonnement perpétuel de vagues immesurables, qu'on ne peut regarder qu'avec émerveillement, comme fait un enfant candide au regard encore tout embrumé de rêves. Le temps n'est qu'un fragment de la durée, le temps, qui, selon le poète Andrew Marvell « fait toujours entendre, dans notre dos, son char ailé » alors que, devant nous, s'étendent « les déserts de l'immense Eternité ».

A ce « surnaturalisme » qu'elle a ainsi hérité de la tradition anglaise la plus pure, Virginia Woolf a ajouté des qualités uniquement individuelles : une audace intellectuelle toute moderne, et qui vient compenser, en une certaine mesure, l'affinement de son imagination créatrice ; un

1 *Biographia Literaria*, 1817, ch. XIV. Edited by George Sampson, Cambridge, 1920, p. 53.

ensemble de désinvolture un peu provocante et d'inquiétude ; une haine véritable de ce qui est faux et prétentieux ; une grâce élégante, qui s'insinue dans les moindres recoins, et vient assouplir les angles, parfois un peu raides, de sa pensée ; une complète maîtrise de soi enfin, et qui ne se relâche jamais. L'œuvre peut sembler se répandre en flammèches et en étincelles : une flamme centrale l'alimente, qui demeure toujours très sûrement dirigée. La romancière peut s'abandonner, parfois assez dangereusement, à la poursuite de splendeurs subtiles : son objet est très arrêté, qui consiste à harmoniser les discordances de la vie, à en saisir le rythme interne et autonome, à dégager, parmi la complexité immense des faits partiels, une signification centrale. Helen Ambrose l'avait essayé dès *The Voyage Out.* Mrs. Ramsay y réussit dans *To the Lighthouse,* à force de sérénité, de douceur et d'oubli de soi-même. Bernard échoue, dans *The Waves,* à garder intacte l'unité spirituelle qui, au temps de leur enfance, et de la féerie du monde, illuminait l'âme de six jeunes êtres. Dans *Jacob's Room,* Jacob, au moment où il traverse Waterloo Bridge, est frappé « du vacarme et de l'extase du monde ». Le réalisme et le lyrisme ne sont ainsi que deux aspects différents d'une seule vérité essentielle, de cette vérité à la poursuite de laquelle, on en a fait récemment la remarque, chacun des romans de Virginia Woolf s'est précipité successivement, à la manière d'un svelte et nerveux lévrier.

N'attendons pas de Virginia Woolf qu'elle nous décrive « le monde », qu'elle nous dépeigne « son temps » à l'exemple des réalistes « Edwardiens », qui ne sont que des « publicistes » qu'elle honore, tout en les méprisant un peu. Son ambition se borne à nous exposer, en psychologue et en artiste, les résultats de son expérience individuelle, de son enquête constante sur les réalités de l'âme humaine. De la vie immense, elle entend nous apporter seulement sa « vision » personnelle. Ne demandons pas à notre romancière : « Qu'est-ce qu'un roman ? » Elle nous répondrait, comme le fait si volontiers Orlando : « Qu'est-ce que la vie ? »

CHAPITRE IV

LE ROMAN DE VIRGINIA WOOLF

SA TECHNIQUE ET SON ART

PUISQUE la vie, estime Virginia Woolf, ne progresse pas selon un plan défini, que les événements s'y déroulent sans que rien nous permette de les prévoir, et encore moins de les diriger, et que c'est à nous qu'il revient, au contraire, de nous plier le plus souvent à leur contingence, l'œuvre d'art, qui prétend la copier d'aussi près que possible, le roman en particulier qui ambitionne de se modeler précisément sur elle, devra se garder de toute formule, de tout cadre arrêté d'avance. Issue de la nature profonde de l'œuvre, la technique visera à en exprimer, avant tout, l'originalité sincère. Elle s'efforcera d'en traduire la substance sans artifice, avec des moyens strictement appropriés, toujours changeants, et qui, au lieu d'être apportés tout faits du dehors, ou d'être empruntés simplement à la tradition, seront renouvelés sans cesse, et participeront comme empiriquement à la qualité de l'œuvre.

I

Virginia Woolf et le roman « Edwardien »

Virginia Woolf se montrera d'autant plus audacieuse dans sa technique que le roman anglais est devenu, au moment où elle l'aborde, vers 1915, la forme littéraire la plus souple, la plus malléable qui se puisse trouver. Alors que les autres formes littéraires sont soumises à un nombre de règles étroites, que le théâtre, même le plus libre, est lié par un ensemble de contraintes matérielles : durée fixe du spectacle, nécessités de la mise en scène, découpage de l'action en actes et en tableaux, obligation d'une exposition rapide, d'une argumentation décisive capables de s'imposer, l'une et l'autre, à l'attention du spectateur ; alors que la poésie elle-même est astreinte à une technique plus délicate sans doute que celle du « plateau », mais non moins rigoureuse, et qu'il lui faut observer nombre de conventions de rythme et de mètre, faute desquelles elle ne se séparerait plus guère de la prose, le roman, au contraire, et le roman anglais spécialement, demeure le domaine de la liberté absolue. Aucune règle extérieure, aucun conformisme ne lui est imposé. C'est un fleuve où se déverse, en s'y reflétant avec son mouvement et sa couleur, la vie entière. Rien ne lui est défendu. Il manie à sa guise le temps et l'espace. Il met en scène tout un monde de personnages ou n'en représente qu'un seul. Aucun obstacle ne lui est infranchissable. « Le roman », estimait Henry James, « demeure aujourd'hui la plus indépendante, la plus élastique, la plus prodigieuse des formes littéraires ». Et, renchérissant sur l'opinion du plus subtil des analystes psychologiques contemporains, Virginia Woolf voit non seulement dans le roman « la plus flexible de toutes les formes, mais celle surtout qu'une femme écrivain peut façonner à son gré le plus aisément », une de celles « qui lui fourniront le moyen d'exprimer, et non pas nécessairement en vers, la poésie qui est en elle ».

Aussi notre romancière contemporaine se montre-t-elle sévère dans les jugements qu'elle porte sur les plus grands représentants du roman d'avant-guerre en Angleterre, sur les « Edwardiens » comme elle les appelle, dont l'œuvre est fondée sur une technique diamétralement opposée à celle qu'elle a résolu d'introduire dans son œuvre propre. Avec ce besoin de clairvoyance critique qui la caractérise, Virginia Woolf a tenu à examiner de près les méthodes « réalistes » des trois plus grands romanciers du début du siècle : H. G. Wells, John Galsworthy et Arnold Bennett, comme si les insuffisances dont témoignent ces œuvres devaient la confirmer davantage dans ses vues personnelles, comme si, en s'opposant à ses grands prédécesseurs, elle ne pouvait manquer d'acquérir une connaissance plus lucide et plus ingénieuse de ses forces.

Un premier article intitulé *Modern Fiction,* qui figure dans *The Common Reader* mais fut écrit en avril 1919, est une déclaration de guerre véritable adressée aux romanciers « Edwardiens ». « Après avoir suscité tant d'espoirs », écrit Virginia Woolf, « ces romanciers nous ont désappointés avec tant de persistance que notre gratitude envers eux prend surtout la forme d'un remerciement : nous les remercions de nous avoir montré ce qu'ils auraient pu faire, mais n'ont point fait, ce que nous pourrions, à coup sûr, mais ne désirons nullement faire nous-mêmes ». Un mot résume tous les griefs que notre auteur adresse aux romanciers « Edwardiens » : leur matérialisme. « C'est parce qu'ils s'occupent, non de l'esprit, mais du corps, qu'ils nous ont désappointés, et nous ont laissé le sentiment que, plus tôt le roman anglais leur tournera le dos, le plus poliment possible, et se mettra en marche, fût-ce vers le désert, mieux cela vaudra pour l'âme. »

A H. G. Wells, par exemple, Virginia Woolf reproche d'avoir appliqué « la pureté de son inspiration à un immense tas d'argile », de « n'avoir point le loisir, dans la pléthore d'idées et de faits où il se meut, de comprendre combien sont frustes et grossiers les êtres humains qu'il met en scène », d'« être ainsi surtout un matérialiste par pure bonté de cœur et à cause de la générosité excessive de ses sympathies ». Malgré le respect, d'autre part, qu'éveillent chez notre romancière l'intégrité et l'humanité de Galsworthy, il lui est impossible de découvrir dans son œuvre « brûlante d'indignation, bourrée d'observations, et qui met la civilisation en jugement, ce qu'elle eût voulu y trouver ». Quant à Arnold Bennett, il est le plus coupable des trois parce qu'il est, de beaucoup, le meilleur artiste. « Ses caractères vivent d'une vie abondante, même inattendue, mais nous nous demandons comment ils vivent, et pour quoi ils vivent. » Pour justifier enfin « l'étiquette unique : *matérialistes* », sous laquelle Virginia Woolf range les trois grands Edwardiens, elle leur reproche « de ne décrire que des choses sans importance, de consacrer une immense habileté et un immense labeur à donner au trivial et au transitoire l'apparence du vrai et du durable ».

Revenant, quelques années plus tard, sur la même question, c'est Arnold Bennett que choisit cette fois Virginia Woolf comme représentant principal de la technique Edwardienne. Dans un essai intitulé : *Mr. Bennett and Mrs. Brown* et publié en 1924, elle imagine une rencontre, dans le train qui l'emporte de Richmond à Waterloo, avec une certaine Mrs. Brown, « une de ces vieilles dames propres et râpées dont la tenue soignée à l'extrême, tout bien boutonné, attaché, noué, raccommodé et remis en état, suggère une pauvreté plus grande que les haillons et la saleté, et qui avait un air de souffrance, d'appréhension, comme si, ayant été abandonnée, et étant restée veuve, elle avait vécu une vie d'anxiété et de tourments, élevant un fils unique, peut-être, qui, ce n'était pas impossible, commençait justement à tourner mal ». Précisant ici et renforçant les reproches qu'elle avait adressés naguère aux Edwardiens, elle les accuse de « prétendre créer des caractères réels, vrais et convaincants », mais, en fait, de ne jamais appréhender directement la nature humaine, de ne considérer les personnages qu'en fonction de leur milieu, et des circonstances seulement qui les entourent, d'user surtout de descriptions, descriptions des lieux, villes et maisons qu'ils habitent, avec cette idée que « parce que le romancier a fait une maison, il doit y avoir une personne qui l'occupe », et que, « de la description de cette maison même, il sera possible de déduire les être humains qui l'habitent ». Or ces descriptions, poursuit Virginia Woolf, « ne constituent qu'autant d'outils laids, gauches, inadéquats ». Elles ne sont que des « conventions démodées qui, au lieu de faciliter le contact de l'écrivain avec son lecteur, ne font qu'élever entre eux un obstacle artificiel ». Si longues qu'elles soient, elles ne sauraient remplacer une ligne seulement de connaissance profonde. « Avec toute sa puissance d'observation, qui est merveilleuse, avec sa sympathie et son humanité, qui sont grandes, Arnold Bennett n'a jamais regardé une seule fois Mrs. Brown dans le coin de son compartiment. »

L'objet des Georgiens, tout au contraire, est d'interpréter le personnage de Mrs. Brown, non dans son milieu ni ses alentours seulement, mais dans sa vérité propre, en elle-même, « car Mrs. Brown est éternelle, elle est la nature humaine ». Il s'agit, pour le romancier, de se mettre à sa poursuite, de se saisir d'elle en chair et en os, « de ne pas se contenter d'un morceau de sa robe, ni d'une mèche de ses cheveux », de nous tracer d'elle un portrait qui sera beau si possible, mais en tout cas ressemblant, qui insistera sur le fait qu'elle est une vieille dame d'une intelligence moyenne, mais d'une variété infinie. Il faut la rendre réelle, la représenter vivante, « car elle est, naturellement, l'esprit dont nous vivons, la vie elle-même ».

Et qu'importe, conclut Virginia Woolf, s'il faut, pour atteindre cet objectif, abattre certaines conventions, se débarrasser de certains outils, si commodes qu'ils soient, lancer même un défi impertinent, comme l'ont fait certains

Georgiens courageux : E. M. Forster et D. H. Lawrence, James Joyce, T. S. Eliot et Lytton Strachey, à la paisible opinion bourgeoise, se comporter envers elle « comme un gamin qui, venu chez sa tante pour une fin de semaine, se roule dans le massif de géraniums, exaspéré par les solennités dominicales, qui n'en finissent pas ». Qu'importe aussi que les bourgeois courroucés vous accusent les uns d'indécence, les autres d'obscurité, les autres encore d'intolérance. Le compromis conformiste ne peut mener qu'à la ruine et à la mort. La rébellion seule est créatrice. Il faut avoir l'audace de sa sincérité, fût-ce à l'encontre des vieux usages, de la politesse même. Il faut renoncer, une fois pour toutes, à la *description* qui ne fait que ternir et émousser la *vision* personnelle, laquelle importe seule. Il faut, à tout prix, se saisir de Mrs. Brown, qu'on a aperçue dans un coin du compartiment, entre Richmond et Waterloo, « la vieille dame avec laquelle commencent tous les romans ».

De même que le roman de Virginia Woolf, qui consiste en une analyse approfondie de l'expérience psychologique, qui éclaire « les millions d'idées courant à travers le cerveau, et les émotions qui se rencontrent, se heurtent et disparaissent en un étonnant désordre », qui « plonge dans les retraites cachées des esprits ou dans les régions les plus secrètes des cœurs », est en opposition directe avec le roman Edwardien, celui-ci ayant été surtout consacré à l'étude sociologique d'une époque entière, de même la technique qu'adopte notre romancière représente une révolte, au premier chef, contre la manière de ses prédécesseurs, une libération de leurs méthodes, qu'elle estime désuètes, une expérimentation hardie, d'autre part, à laquelle, nous l'avons vu, elle s'est préparée minutieusement. A la technique « matérialiste » de Wells, Galsworthy et Bennett, qui n'aboutissait à peindre que le monde extérieur, que la surface apparente des êtres et des choses, Virginia Woolf entreprend de substituer une technique proprement « réaliste », c'est-à-dire qui visera à atteindre l'essentiel, le plus souvent invisible, et à représenter surtout les différences qui séparent soit les individus entre eux, soit certains moments successifs d'un seul individu. Cette technique réaliste, dans sa prise directe de la complexité touffue des choses, n'est pas seulement plus proche de la vie, « ce que nous appelons la vie et la réalité, ainsi qu'on lisait dans *Orlando,* n'étant pas forcément lié à la brutalité et à l'ignorance » : notre écrivain y met en pleine lumière la finesse de son esprit critique, lequel, intervenant constamment dans sa création littéraire elle-même, constitue l'un des éléments les plus originaux de sa personnalité.

II

La composition

Comme on l'imagine sans peine, la composition proprement dite ne tiendra, dans le roman de Virginia Woolf, qu'une place restreinte. C'est là un des traits caractéristiques, sans doute, du roman anglais qui, concentrant son attention sur les réalités concrètes, sur l'abondant désordre de la vie intérieure des individus qu'il s'efforce de dépeindre minutieusement, dans son mouvement et sa force, ne se soucie guère, comme le fait volontiers le roman français, d'harmonie et d'équilibre, les Anglais, bien plus, ne laissant pas d'englober sous le nom général, voire un peu dédaigneux, de « rhétorique » cette économie des traits, cette sobriété de la facture, cette ordonnance parfaite de l'œuvre entière auxquelles les romanciers de chez nous attachent un si haut prix. L'indifférence à la netteté du dessin que partagent donc, comme instinctivement, tous les romanciers d'Angleterre, Virginia Woolf la manifeste à son tour dans son œuvre, mais d'une manière ici très réfléchie, en accord complet avec sa conception nouvelle de la technique, que nous venons de voir. Loin de provenir d'une traditionnelle négligence, ou d'une incapacité personnelle, l'absence de composition apparente dans son roman demeure un des procédés voulus de son art.

Les règles toutes faites de l'art du roman étant résolument écartées, Virginia Woolf ne gardera, en manière d'intrigue, que les quelques éléments strictement indispensables à toute œuvre romanesque. Les péripéties dramatiques, l'exposition, le nœud et le dénouement de l'action par exemple, l'occuperont le moins possible. Ou, plus exactement, chacune des œuvres nouvelles de notre romancière marquera un progrès dans cette direction, un éloignement de plus en plus accusé des voies anciennes.

C'est ainsi que les deux premiers romans, *The Voyage Out* et *Night and Day* sont composés selon la méthode conventionnelle, avec un soin visible, au point même de rappeler la manière de Thackeray, sinon de Jane Austen. L'inquiétude de Rachel Vinrace constitue le thème central, un peu massif dans l'ensemble, de *The Voyage Out*. Le lent récit des aspirations contradictoires de Katharine Hilbery, dans *Night and Day,* forme un écheveau assez dense également, mais qui se dévide ici avec plus de souplesse déjà. Le recueil de brèves nouvelles qui suivit, *Monday or Tuesday,* commence de s'écarter délibérément du mode d'exposition scrupuleuse qui avait été appliqué dans les deux livres qui précédaient, et il vise à créer dans l'esprit du lecteur une atmosphère de délicatesse tout immatérielle. Dans ses trois œuvres maîtresses, Virginia Woolf a renoncé tout à fait à tenir compte de l'attente ordinaire du « liseur de romans ». *Jacob's Room* n'est qu'un long monologue où le personnage qui parle demeure enveloppé, pendant tout le cours de l'ouvrage, d'une brume mystérieuse. Le dénouement de *Mrs. Dalloway* est si vague que nous nous demandons si Clarissa, qui vient d'apprendre le suicide de Septimus Smith, ne va pas se donner la mort à son tour. La composition de *To the Lighthouse,* par contre, présente une ordonnance plus précise. Le roman est formé de trois parties, de longueur très inégale : la première, qui est la plus importante (pp. 9 à 191), comporte un ample récit, et développe le thème principal du roman ; la seconde, très brève (pp. 193 à 221) est une sorte de chœur lyrique qui vient interrompre le cours de l'action ; avec la troisième (pp. 223 à 320) cette action reprend, après un intervalle de quelque dix années, et dans une tonalité, cette fois, toute différente. L'ensemble fait songer à une symphonie moderne, dont le mouvement, avec son déséquilibre apparent, est savamment calculé, et abonde en harmonies, en correspondances subtiles de tout ordre. Dans les deux œuvres récentes enfin, *Orlando* et *The Waves,* la démarche de la composition s'apparie étroitement à la substance même du roman. Qu'il s'agisse des aventures multiples qui adviennent à Orlando au cours de son existence de trois siècles et demi, ou des soliloques ingénieux que viennent prononcer, devant la mer, et à tour de rôle, les six personnages qui figurent dans *The Waves,* les deux œuvres, la première avec son procédé de juxtaposition, la seconde avec l'accumulation de ses motifs, sont, au point de vue technique, de véritables tours de force, leur « beau désordre » témoignant surtout de l'agilité et de la sûreté avec lesquelles Virginia Woolf en est venu à manier aujourd'hui les thèmes les plus difficiles. L'intrigue n'est plus ici un raide mécanisme, d'un agencement facile, et dont l'auteur attend un rendement immédiat. C'est un mouvement organique en quelque sorte, qui progresse presque inconsciemment, qui n'est pas sorti d'une idée préconçue, qui a gardé toute la complexité, tout l'imprévisible des faits humains. Au lieu d'avoir été imposé au réel, il est né de ce réel même. Il n'est que le reflet de la continuité, toujours changeante, des mouvements profonds de l'âme.

Ce mépris pour l'intrigue conventionnelle, pour les situations dramatiques, sinon simplistes, qui, aux yeux de la majorité des lecteurs, constituent l'attrait capital d'un roman, Virginia Woolf le manifeste tout pareillement dans les portraits qu'elle nous trace de ses personnages principaux. Ces personnages sont très différents, eux aussi, de ceux que nous rencontrons d'habitude. Leur aspect physique ne nous est présenté que de la manière la plus succincte. Ils paraissent et disparaissent sans que nous ait été fourni sur leur compte le moindre renseignement. Nous ne possédons, de leur personne même, que des instantanés, tout l'effort de l'écrivain étant tourné vers la découverte et la détermination minutieuse de leur univers intérieur. Or si cette « micrographie » des faits de conscience, qui ne tient aucun compte de la réflexion ni de la volition, présente, au regard de la vérité psychologique, les insuffisances que nous avons signalées déjà, les inconvénients dont s'accompagne, en ce qui concerne la technique du roman, cet émiettement perpétuel sont plus sérieux encore. La vie, considérée d'un certain point de vue, peut bien n'être qu'une « myriade d'impressions » : l'art, qui entreprend de la représenter, ne saurait se contenter de cette fragmentation infinie, et son objet premier est de dégager une sorte d'unité intime de la multiplicité des apparences, de mêler de l'intelligence à l'instinct, de la logique, une sorte de géométrie pourrait-on dire, à la biologie elle-même. La technique de l'art consiste précisément à sélectionner, à clarifier, à organiser cette « pluie d'innombrables atomes », à les réduire à une norme visible, abstraite et concrète à la fois, et, autant que possible, significative. Mais cette réduction à l'unité ne préoccupe en rien Virginia Woolf. Comme elle s'intéresse à la seule complexité psychologique des motifs humains, à l'intensité ou sensible ou émotionnelle de ses personnages, peu lui importe que le lecteur éprouve parfois quelque inquiétude en leur présence, qu'il se sente désorienté au milieu d'eux, comme s'il venait de pénétrer dans quelque contrée mystérieuse. Ce n'est pas, selon l'image de Proust, le « livret de l'opéra » que veut nous faire connaître Virginia Woolf, ni non plus les faits et gestes des acteurs qu'elle entreprend de nous raconter. Elle tâche surtout, en écrivant son roman, de différencier, et de transcrire pour nous, avec ses rythmes originaux, « les musiques successives des jours [1] ».

Les dialogues, dont elle fait un emploi abondant, sont à ce point de vue des plus significatifs. D'habitude assez longs, dans les premiers romans surtout, ils sont faits de pensées et d'impressions qui vont et viennent, reproduisant fidèlement, l'exagérant même à plaisir, l'à bâtons rompus de la conversation familière. Les personnages, de fait, se parlent beaucoup plus à eux-mêmes qu'ils ne cherchent à se faire entendre de leurs interlocuteurs, telle idée, qui nous paraissait d'importance, étant esquissée à peine, telle autre, dont nous apercevons mal la portée, revenant continuellement à leur esprit, à la manière d'un *leit-motif*, ou d'une obsession. Les dialogues expriment, dans un langage mystérieux, constamment traversé de parenthèses et de silences, ce qui ne peut s'énoncer librement, la pensée encore en formation, ses mille nuances encore ténues que la grande lumière du langage direct ferait disparaître

[1] *Chroniques*, 1927, p. 107.

aussitôt. Les personnages n'affirment rien, ils suggèrent. On dirait qu'une pudeur les empêche de dévoiler complètement leurs impressions frémissantes, qui ne se sentent à l'aise que dans la pénombre.

Plus souvent, du reste, ce sont des monologues qui constituent l'étoffe du récit, les paroles, prononcées comme à voix basse, étant plutôt des incitations à penser, comme l'énoncé de sentiments qui ne se connaissent qu'en s'exprimant. Tel est le cas de Jacob Flanders, de Clarissa Dalloway et de Peter Walsh, de Mrs. Ramsay et des hôtes divers rassemblés sous son toit : Charles Tansley et William Bankes, Augustus Carmichael et Lily Briscoe, tous semblant presque continuellement penchés sur la vie profonde de leur conscience. Virginia Woolf, il est vrai, nous rapporte à la troisième personne, le plus souvent, les pensées et les sentiments qu'observent en eux-mêmes ses personnages. Par exemple, lorsque les invités de Mrs. Ramsay se mettent à table pour le dîner du soir, que l'hôtesse s'efforce, tout en servant la soupe, de les rapprocher les uns des autres, de faire naître entre eux une sorte de trêve heureuse, « qu'elle s'attelle à toute cette besogne à la façon d'un marin qui sent le vent gonfler sa voile, mais non sans lassitude, non sans envie de demeurer où il se trouve », Lily Briscoe l'observe avec toute son attention affectueuse : « Comme elle a l'air vieillie, usée et lointaine ! » songeait Lily Briscoe. Puis, lorsqu'elle se tourna vers William Bankes, en souriant..., Lily se demanda avec un certain amusement, parce qu'elle était soulagée : « Pourquoi a-t-elle pitié de lui ? » Car telle était l'impression que Mrs. Ramsay donnait lorsqu'elle lui dit que ses lettres étaient dans le hall. Ce pauvre William Bankes, avait-elle l'air de dire, comme si sa propre lassitude se fût pour une part tournée en commisération d'autrui, et que l'élément d'activité qu'il y avait en elle, sa résolution de vivre de nouveau, eussent été stimulés par sa pitié. Et ce n'est pas vrai, pensait Lily, que William Bankes fût malheureux... Il n'est nullement à plaindre, se disait-elle. Il a son travail. Elle songea soudainement, avec la sensation de découvrir un trésor, qu'elle aussi avait son travail. Dans un éclair elle vit son tableau et se dit : « Oui, je mettrai cet arbre plus au milieu, et ainsi j'éviterai cet espace qui me gêne... » Ce récit, sans doute, est écrit en style indirect. L'abondance des « songeait Lily Briscoe », « se demandait-elle », « pensait-elle », « se disait-elle », montre cependant qu'il s'agit bien ici d'un monologue véritable, non de l'exposé d'un banal enchaînement de faits mais de leur retentissement dans une conscience. Ce qui nous est donné n'est que la trame indistincte que tissent dans le profond d'une âme les événements extérieurs, l'écoulement spontané, en d'autres termes, du flux psychologique, de la durée pure.

Ce procédé du « monologue intérieur », on le sait, est loin d'être entièrement original. On le retrouve notamment, avec des différences sensibles, mais avec ses tendances principales déjà marquées, dans le monologue dramatique de Robert Browning, et dans le monologue psychologique de Dostoïevsky. En France surtout, Edouard Dujardin en fait, dans *Les lauriers sont coupés* qui paraissent dans *La Revue Indépendante* dès 1887, « un emploi voulu, systématisé et continu [1] », et sa formule personnelle, demeurée alors inaperçue, est reprise par James Joyce qui, l'ayant découverte, et en ayant entrevu toutes les possibilités, l'applique à son tour dans *Ulysses*, dont les premiers fragments paraissent en 1919. C'est chez James Joyce que Virginia Woolf emprunte directement le procédé technique nouveau. Mais de même que l'écrivain irlandais avait développé la formule qui ne se trouvait encore qu'ébauchée dans le roman symboliste de l'écrivain français, Virginia Woolf de son côté la renouvelle, et l'adapte aux besoins « de sa consommation personnelle ». Alors que James Joyce avait fait du monologue intérieur un cadre immense qui lui permet d'y exposer « toute cette meute de pensées qui s'agite en nous sans repos, comme un troupeau apocalyptique, les élucubrations incohérentes, les déformations hilarantes, les visions démonologiques, les prouesses scatologiques, les bouffées de poésie, toute la bacchanale silencieuse et rapide qui se profile au fond de nous, comme au fond de la caverne de Platon se profilaient des ombres, mais moins inquiétantes [2] », Virginia Woolf ramène le procédé technique à des mesures beaucoup plus restreintes. Elle se garde de donner dans le gigantesque, de se montrer coupable, à son tour, de ce « gaspillage d'énergie » qu'elle reprochait à Joyce. Elle fait du monologue, elle aussi, une « tranche de vie intérieure », mais elle le réduit à des

[1] Consulter l'intéressant essai d'Edouard DUJARDIN lui-même, *Le monologue intérieur*. Son apparition, ses origines, sa place dans l'œuvre de James Joyce et dans le roman contemporain, 1931.
[2] Pierre d'EXIDEUIL, *Marcel Proust*, *La Revue Nouvelle*, juillet-août 1929.

proportions délicates, plus cursives et plus prestes, où c'est sa subtilité féminine qui donne le ton. Dans *Orlando,* par exemple, et bien que le récit garde le plus souvent une allure impersonnelle, il arrive que le personnage central nous raconte lui-même les péripéties de son existence prodigieuse, qu'il nous mette en contact direct avec la variété des *moi* qui sont en lui, depuis le jeune garçon qui s'escrimait à coups d'épée contre la tête desséchée de quelque Maure, ou celui qui avait tenu à la Reine Elizabeth la coupe d'eau de rose, jusqu'à la Patronnesse des Lettres, au temps de Pope et d'Addison, jusqu'à la jeune femme amoureuse de la vie, qui épouse à trente-six ans, sous Georges V, le romantique Marmaduke Bonthrop Shelmerdine. Un jour même qu'Orlando est au volant de son auto, en route pour Londres, elle se met à parler à haute voix, recensant en quelque sorte toutes les phases de son passé, tous les *moi* qu'elle avait été, et Virginia Woolf nous rapporte longuement « ce monologue sans queue ni tête, entrecoupé, trivial, terne, et quelquefois inintelligible d'une dame qui parle seule ». « Car il est probable », ajoute la romancière, « que lorsque les gens parlent seuls, leurs *moi* distincts (dont il peut y avoir plus de deux mille) souffrent d'isolement et cherchent à se remettre en contact avec les autres, mais lorsque le contact est établi, ils se taisent ».

Dans *The Waves* enfin, nous ne rencontrons plus qu'une longue suite de soliloques lyriques, qui tiennent plus de la méditation que du récit, qui sont savamment entrelacés, de manière à former un dessin à peu près cohérent, et au cours desquels chacun des six personnages, sur un ton unique, et qui ne va pas sans monotonie, s'efforce de fixer le jeu perpétuel des sensations, des sentiments et des idées qui « font trembler son âme ». Virginia Woolf y insiste, plus qu'elle n'avait fait encore, sur l'intensité variable des impressions, dont elle s'efforce de reproduire la fluidité même, sans avoir recours à aucune simplification arbitraire, sur la pensée « se faisant », et jamais sur la pensée toute faite. Le monologue intérieur est devenu, dans *The Waves*, une sorte de récitatif, une transcription incertaine, et à demi articulée seulement, de ce « quotidien si précieux à saisir » dont parlait Mallarmé. Il n'ambitionne rien de moins que d'exprimer, dans la mesure possible, le ruissellement d'impressions que la réalité extérieure déverse dans une conscience.

Hâtons-nous d'ajouter cependant que si Virginia Woolf va très loin dans cette voie, au point de dérouter parfois son lecteur, de lui paraître même, comme à tel critique anglais récent, « exaspérante avec son absence de forme [1] », cet émiettement, ou, à mieux dire, cette « liquéfaction » de la matière du roman demeure toujours très réfléchie, très nettement intentionnelle. En dépit des apparences, la technicienne avertie qu'est Virginia Woolf intervient délibérément dans son œuvre, loin qu'elle se laisse jamais submerger par elle. Contrairement à nombre de romanciers anglais auxquels a pu être justement reprochée l'habitude de s'abandonner à une technique pauvre, maladroite, candide, souvent diffuse dans l'accumulation de tant de détails

[1] A. C. WARD, *Twentieth-Century Literature*. The Age of Interrogation, 1901-1905, 1928, p. 51. « She is exasperatingly shapeless. »

oiseux, notre écrivain ne se contente pas de copier ce qu'elle observe, éprouve ou imagine. Elle choisit, elle « met en place » chaque détail, comme ferait un peintre, avec une adresse qui tâche à rester invisible, et qui consiste surtout à laisser à son tableau l'apparence du naturel le plus fortuit. Ces « moments détachés de l'expérience », selon son expression propre, c'est elle qui les « détache », qui y pratique les coupures et les raccords, qui en ralentit ou en accélère le déroulement. Tout en s'efforçant de garder à sa pensée son mouvement interne, son caractère spontané et jaillissant, elle ne laisse pas de la diriger. Elle demeure constamment une artiste scrupuleuse qui, si elle subordonne l'unité plastique et décorative de la composition à l'unité vivante de l'individu, n'en estime pas moins qu'une certaine économie est indispensable dans l'élaboration de l'œuvre littéraire. Une technique, très sûre donc dans sa subtilité même, intervient dans chacun de ses romans, qui fait que la vérité est non seulement « vécue », mais aussi « écrite », qu'elle est fixée par une intelligence qui impose aux incohérences de la vie une unité réelle, cette unité étant seule capable de rendre la vérité communicable à autrui.

Aussi la composition du roman de Virginia Woolf, dont l'équilibre est surtout intérieur, semble-t-elle des plus accomplies. L'intrigue, au lieu de suivre une ligne rigide, construite d'avance, s'abandonne au rythme de l'expérience quotidienne, sans péripéties ni crise violente le plus souvent. Les articulations techniques ont beau être peu visibles : elles sont solides dans leur discrétion même.

Chaque œuvre est située sur un terrain nouveau, lequel est fouillé à une profondeur où n'atteignent guère les romans ordinaires. Les personnages sont complexes, subtils, difficiles à saisir. Ils sont beaucoup moins « probables » que ne l'étaient, par exemple, Edward Ponderevo ou Arthur Kipps, Soames ou Jolyon Forsyte, Edwin Clayhanger ou Constance Pevey. Mais si leurs traits sont moins arrêtés, si l'auteur, qui ne les éclaire que de biais, dans un jeu sans cesse mouvant de rayons et d'ombres, nous les suggère plus qu'elle ne nous les montre, s'ils demeurent volontiers secrets et silencieux, s'il est malaisé de mesurer sur eux la pression des circonstances extérieures, héréditaires ou sociales, ils n'en forment pas moins, tout isolés qu'ils soient, une sorte de fraternité, comme si un mystérieux équilibre s'établissait entre eux, comme s'ils vivaient, les uns et les autres, dans une atmosphère qui n'est point tout à fait celle de la terre. Ce que la composition perd ainsi en force apparente, elle le regagne en effets profonds. Elle crée dans l'esprit du lecteur une unité, une densité d'impression qui ne laisse pas de s'accompagner d'un charme infini. On retrouve en chacun des personnages, chez les principaux surtout, — les comparses, une Mary Datchet dans *Night and Day*, une Miss Kilman dans *Mrs. Dalloway*, un Charles Tansley dans *To the Lighthouse* se présentant à nous en traits beaucoup plus nets et accessibles — cette mélancolie si spéciale au roman anglais que définissait Edmond Jaloux, « cette musique, cet horizon de brumes qui enveloppe toute chose, ce prolongement, au delà des âmes, de ce qu'elles ont de plus prophétique, de plus ancien et de plus divin, cette efflorescence de douleur, de tendresse et d'aspiration qui flotte autour de certains êtres, de certains paysages, de certaines émotions, de certains souvenirs, de certaines images, à la façon d'*une essence ravie aux vieillesses des roses* [1] ».

Tant de subtilité mystérieuse ne va pas, à coup sûr, sans un réel amenuisement, peut-être sans une certaine désagrégation de l'énergie créatrice de notre romancière. Ne demandons pas à Virginia Woolf les larges gestes vigoureux des grands romanciers du passé, ni même ceux d'un Wells, d'un Galsworthy ou d'un Bennett. Nous ne trouverons pas davantage chez elle cette « dose massive de candeur, peut-être même certaine sottise, celle de Dickens, celle de Tolstoï, avec quelque chose de brutal, d'aveugle et d'involontaire [2] ». La démarche narrative, plus nerveuse, est ici plus saccadée. C'est moins un élan qu'une série de secousses brusques que déclanchent des curiosités si diverses, et qui demandent toutes à être satisfaites. Le commentaire, bien qu'il demeure le plus souvent implicite, fait tort au texte même, la romancière psychologique, en un mot, à la romancière tout court.

Aussi que le lecteur n'aille pas chercher dans le roman de Virginia Woolf un divertissement frivole. Ce roman ne s'adresse qu'à ceux qu'attire vers lui une sympathie préétablie, qui sont décidés à faire un effort patient de compréhension, de pénétration, puisqu'il ne leur est fourni, épars et même informes, que des matériaux qui ne vaudront qu'autant que leur imagination, peut-être leur mémoire

[1] Edmond JALOUX, *op. cit.*, p. 16.
[2] *Ibid.*, p. 214.

propre, les auront recréés à leur tour. Le lecteur doit découvrir à nouveau, dans une certaine mesure, comme l'avait fait la romancière elle-même, l'unité dans la complexité, retrouver, dans le bouillonnement de la pensée, les courants dont elle est issue, en venir aux prises avec le roman comme avec la réalité vivante, puisqu'aussi bien on devrait lire un livre comme si on l'écrivait soi-même, et que c'est seulement, ainsi que le déclare Virginia Woolf dans *Orlando*, pour « les lecteurs qui ont su jouer leur rôle, et, sur de simples indications jetées çà et là, induire le domaine et la circonférence d'une vie, pour ceux qui savent entendre, dans ce que nous leur murmurons à peine, la voix même d'un personnage, qui savent voir, souvent quand nous n'en disons rien, son exacte apparence, qui devinent, sans qu'un seul mot de nous les guide, sa pensée, puisque c'est pour de tels lecteurs que nous écrivons ». Cette collaboration une fois consentie, tout s'éclaire et s'ordonne sans retard. Une sorte de lucidité interne éclate à chaque page du volume, malgré sa densité même. Le lecteur aussi, quand il parviendra au terme du roman, tout comme la courageuse Lily Briscoe traçant sur sa toile un dernier trait, ne pourra s'empêcher de songer, malgré quelque lassitude peut-être : « J'ai eu ma vision. »

III

Le style

La technique du style, à laquelle Virginia Woolf accorde une place essentielle dans l'économie de son œuvre, vient compléter, sur nombre de points, sa conception générale de l'art du roman que nous venons de définir. Une fois de plus, elle se retrouve d'accord avec Marcel Proust qui estimait, lui aussi, que « loin d'être un enjolivement, le style est, comme la couleur chez les peintres, une qualité de la vision, la révélation de l'univers particulier que chacun de nous voit, et que ne voient pas les autres ». Aucun style n'est plus singulier en effet, plus immédiatement reconnaissable entre beaucoup d'autres que celui de notre écrivain.

Virginia Woolf est une magicienne du style, et l'impression que produit son œuvre est bien, d'abord, un enchantement véritable. Les détails de cet enchantement, néanmoins, sont des plus complexes, et les procédés par lesquels elle y atteint très nettement délibérés, sinon, comme on l'en a même accusée, « diaboliquement adroits ». Elle aussi connaît le labeur impitoyable de l'écriture, qu'elle décrit si pertinemment dans *Orlando* : « Orlando écrivait et trouvait tout bon ; lisait et trouvait tout affreux ; corrigeait puis déchirait ; retranchait ; ajoutait ; touchait à l'extase ; puis au désespoir ; connaissait les bons soirs et les mauvais matins ; empoignait les idées pour les perdre ensuite ; voyait son livre, naguère si net devant lui, se dissoudre ; mimait le rôle de ses personnages en mangeant, le déclamait en marchant ; riait ; hésitait entre divers styles ; préférait aujourd'hui l'héroïque et le pompeux, demain le simple et le terre-à-terre ; tel jour les vallons du Tempé, tel autre les champs du Kent ou de Cornouailles ; sans pouvoir décider, en fin de compte, s'il était le génie le plus divin ou le plus fieffé imbécile de la terre. » Examinons de près cette démarche sinueuse, et essayons d'en relever, succinctement au moins, quelques-uns des détails les plus significatifs.

Le vocabulaire qu'emploie Virginia Woolf est abondant, même riche, d'une souplesse presque fluide qui fait songer à cette définition qu'elle donne quelque part de la langue élizabéthaine : « On dirait que la pensée a été plongée dans un océan de mots, et qu'on l'en retire toute ruisselante de gouttelettes. » Ce vocabulaire est précis, capable d'exprimer l'idée ou l'impression la plus ténue. Il est juste, le signe se moulant strictement sur la chose signifiée. Il est pittoresque, mais sans outrance voulue, d'un pittoresque aussi frais et spontané que possible. « Les mots ont été employés trop souvent », écrit Virginia Woolf dans *Jacob's Room*, « maniés, retournés, exposés à la poussière de la rue. Les mots que nous recherchons sont ceux qui adhèrent encore à la branche de l'arbre. Nous arrivons à l'aube, et nous les cueillons, tout savoureux, sous leur abri de feuilles ». Quelques archaïsmes y paraissent, mais assez rares, quelques néologismes aussi, mais dont la vigueur paraît un peu artificielle. La dominante de ce vocabulaire est sa richesse sobre, son raffinement et sa nouveauté à la fois. Il est choisi avec une élégance qui ne s'éloigne guère de la simplicité, ni non plus d'une certaine chasteté, si l'on peut dire, en contraste complet avec le dérèglement qui caractérise la langue de tant de romanciers anglais contemporains. Malgré sa tendance à s'enhardir à mesure que l'œuvre progresse, ce vocabulaire, qui demeure toujours distingué, est à l'antipode, par exemple, de celui de James Joyce, de son labyrinthe linguistique parfois si difficile à pénétrer, de son chaotique grouillement où le lecteur est précipité, par bonds abrupts, de l'épopée à l'ordure.

Les épithètes sont nombreuses chez Virginia Woolf, placées en enfilade, par séries de trois, quatre, cinq ou même six épithètes consécutives. Elles dénotent immédiatement un artiste plus préoccupé de la nuance que de la couleur, un ingénieux écrivain qui procède par lentes approches plutôt que par l'attaque brutale d'un seul mot dru, qui est sensible, avant tout, et dans l'acception bergsonienne du mot, à la *qualité*. Elles témoignent d'une recherche technique des plus scrupuleuses, soit dans le choix de termes rares, soit dans l'emploi fréquent d'adjectifs-participes passés en *-ed,* d'adjectifs à forme de participe présent en *-ing*, qui, en plus de la qualité propre de l'objet, traduisent quelque chose de son mouvement, ou encore d'adjectifs composés qui ajoutent au pittoresque une sorte de densité si spéciale. Cette « virtuosité de la peinture verbale », selon l'expression même de Virginia Woolf, se complète d'une recherche proprement musicale, nombre d'épithètes étant choisies pour les subtiles combinaisons de leurs voyelles et de leurs consonnes au moins autant que pour leur sens précis, pour le retour des assonances harmonieuses qu'elles introduisent dans la phrase, pour leur puissance de suggestion plus encore que d'expression directe. Comme il arrive à Mrs. Ramsay, les mots, et singulièrement les adjectifs, « semblent osciller volontiers » d'un côté à l'autre de l'esprit de notre romancière, « d'un mouvement rythmique de clapotis et, pendant cette oscillation, d'autres mots, semblables à de petites lumières tamisées, se mettent à briller dans l'obscurité de son esprit. Il y en a de rouges, de bleus, de jaunes qui, semble-t-il, quittent leurs perchoirs là-haut pour croiser et recroiser leur course, ou bien pousser des cris et animer les échos ».

Les images, auxquelles est réservé, dans le style de Virginia Woolf, un rôle essentiel, sont toujours choisies avec un soin extrême. Elles sont d'ordre visuel, pour la plupart. Tantôt elles sont nettes, lumineuses, comme printanières, évoquant la fraîche palette des aquarellistes anglais : « Mrs. Hilbery parlait d'une manière curieusement tentative et détachée qui faisait toujours ressembler ses phrases à des papillons voletant d'un coin de soleil à un autre. » « Comme une personne qui a laissé tomber une perle ou un diamant dans l'herbe, et qui écarte les hautes tiges très soigneusement de côté et d'autre, et cherche çà et là en vain, et puis la découvre entre les racines, ainsi Clarissa considéra les choses les unes après les autres. » « L'immobilité de Mrs. Ramsay ressemblait à celle d'un arbre qui a frémi, qui s'est agité, et qui maintenant, quand la brise tombe, s'installe, feuille par feuille, dans le repos. » Tantôt, et le plus souvent, ces images sont riches en demi-teintes, en nuances subtiles, évanescentes, comme ces plantes qu'on aperçoit au fond d'un ruisseau, à travers le tremblement de l'eau qui passe. L'écrivain aime à nous montrer, par exemple, « les arbres verts qui plongent dans les lointains bleus ». Rachel Vinrace ressemble à sa mère « comme l'image dans un étang, par un paisible jour d'été, ressemble au clair visage empourpré qui se penche au-dessus d'elle ». Denham, qui aime Katharine Hilbery d'une passion où il entre tant d'amertume, sent « cette passion brûler à son horizon comme le soleil d'hiver tend une surface verdâtre du côté du couchant, à travers les nuages qui s'allongent ». La clarté lunaire surtout ravit Virginia Woolf. Elle nous montre les rayons de lune « jaillissant en éclaboussures et se déversant impétueusement dans la pluie ». Des amis de Jacob, à Cambridge, bavardent, bavardent, « leur âme elle-même se glissant à travers leurs lèvres en menus disques d'argent qui se dissolvent dans les esprits des jeunes gens comme du clair de lune ». Peter Walsh « est accablé par son chagrin qui se lève comme une lune que l'on regarde sur la terrasse, livide et belle, dans la lumière du jour mourant ». « Les arbres automnaux brillent dans le jaune clair de lune, le clair de lune des moissons qui donne sa plénitude heureuse à l'énergie du travailleur, étend sa douceur sur l'aspérité du chaume, et apporte au rivage la caresse bleue de la vague. » Tantôt aussi les images sont en teintes fanées, désuètes, un peu énigmatiques, évoquant des fruits trop mûrs, et comme meurtris, des cuirs de Cordoue, « l'éclat qui parcourt quelquefois les drapeaux en haillons dans l'obscurité fraîche des caveaux de cathédrales, où des lettres d'or sur des pages de marbre parlent de mort sur le champ de bataille et d'ossements blanchis et consumés bien loin, là-bas, sur les sables de l'Inde ». Ailleurs encore, les tantes âgées de Katharine Hilbery rappellent à la romancière ces « portraits de Romney, vus à travers des glaces, avec quelque chose de leur rose et moelleuse douceur, de leur tendresse fleurissante, celle d'abricots qui pendent au long d'un mur rouge dans le soleil d'une fin d'après-midi ».

Mais loin d'être seulement picturales, de concrétiser en quelques traits choisis une impression fugitive, de poser sur cette impression une sorte de pointillé, un bref rayon qui y brille un instant, puis s'éteint, de représenter ainsi la sensation de beauté pure qu'éprouve instinctivement l'artiste, les images de Virginia Woolf prennent, et beaucoup plus souvent encore, une signification délibérément symbolique. Elles vivifient l'abstraction, et la rendent sensible. Non seulement Virginia Woolf, comme James Ramsay, « cherche des images par lesquelles son sentiment puisse se rafraîchir, se détacher d'elle et prendre une forme concrète », mais elle s'en sert surtout pour traduire, en termes visibles, cette appréhension des choses inconnues qui ne peut être que suggérée, pour nous exposer sa conception fondamentale de l'univers, qui est pour elle un océan d'éléments diffus, impalpables, inexprimables. De là, chez elle, le nombre d'images empruntées à l'eau, aux ruisseaux, aux fontaines, aux vagues, aux insectes et aux oiseaux, à tout ce qui coule, jaillit et s'enfuit, à ce qui est le contraire de l'immobile, du « tout fait », à tout ce qui suggère le courant infini de l'esprit. Quelques exemples ici suffiront : « Avec la vitalité et l'assurance de son attitude, Katharine Hilbery ressemblait à un oiseau au plumage éclatant qui s'est posé paisiblement avant de reprendre son vol lointain. » « Clarissa regarda Peter ; son regard traversant toutes ces années et toute cette émotion l'atteignit timidement, se posa sur lui plein de larmes, se souleva, s'envola, comme un oiseau touche une branche, et s'envole. » Pensant à toute la sagesse amassée dans le cœur de Mrs. Ramsay, Lily Briscoe se demande comment on peut savoir quoi que ce soit sur les gens, quand on songe à la façon dont ils se barricadent. « C'est uniquement à la façon d'une abeille », poursuit-elle, « attirée par une douceur ou une alacrité de l'air inaccessible au toucher ou au goût, que l'on parcourt seul l'étendue des airs au-dessus des pays qui forment le monde ; puis on se met à fréquenter les ruches pleines de murmures et d'agitations ; ces ruches que sont les hommes ».

Ces images, enfin, présentent leur symbole de manière assez diverse. Quelques mots suffisent parfois : « La lumière de l'après-midi finissante prit un éclat vert derrière les arbres droits, et devint un symbole de Katharine. » « La maison grise et le ciel d'un bleu intense donnèrent à Denham le sentiment de la présence de la jeune femme. » « Comme un air de musique, l'effet de la présence de Katharine mourut lentement dans la pièce où Denham demeurait seul. » Le plus souvent néanmoins, ces images s'étalent à la mesure d'un paragraphe entier : « Lorsqu'elle songeait à l'œuvre philosophique de Mr. Ramsay, Lily Briscoe voyait toujours une table de cuisine bien récurée, laquelle se trouvait présentement logée dans la fourche d'un poirier, car elle avait atteint le verger. Et elle s'efforça péniblement de concentrer son attention, non point sur l'écorce de l'arbre aux saillies argentées ni sur les feuilles en forme de poissons, mais sur un fantôme de table de cuisine, une de ces tables en sapin bien récurées qui ont des grains et des nœuds, dont la vertu essentielle semble avoir été mise au jour par des années de probité musculaire, et qui se trouvait plantée là, ses quatre pieds en l'air. Il est bien évident que lorsqu'on passe ses jours à voir ainsi l'essence des choses sous un aspect angulaire, à réduire de délicieuses soirées avec leurs nuages couleur d'ailes de flamant à une table de bois blanc à quatre pieds (et c'est la marque des plus fins, des plus nobles esprits d'agir ainsi), on ne peut pas être jugé suivant les lois qui s'appliquent à tout le monde. » Mais, concises ou se déployant à loisir, les images de Virginia Woolf dépeignent beaucoup moins qu'elles n'évoquent. Loin d'être de simples revêtements, des parures de l'idée, elles en constituent la substance dont il ne saurait être question de les disjoindre. Elles sont « une vision plus directe de la réalité », d'où les résonances qu'elles évoquent jusqu'au profond de nous. Plus que les simples mots eux-mêmes, dont Bergson nous a appris à redouter le caractère impersonnel, puisque, « ne notant de la chose que la fonction la plus commune et son aspect banal », ils s'interposent constamment entre elle et nous, les images ont gardé leur puissance d'évocation, grâce aux correspondances qu'elles établissent dans notre esprit. Elles seules sont capables de ne rien nous dérober de ce que nos états d'âme « ont d'intime, de personnel, d'originalement vécu ». Leurs détails minutieux, dont l'accumulation ne va pas sans donner au lecteur l'impression d'une certaine complexité extérieure, réussissent en outre, le plus souvent, à reconstituer le processus vital intérieur dans son intensité première, cette intensité compensant, dans une certaine mesure, la désintégration fâcheuse dont s'accompagne l'analyse. Le lecteur se rend parfaitement compte que ces quelques images saisies au passage, et amenées sur la rive, ont été arrachées à un courant puissant où elles flottaient, parmi des milliers d'autres, que cette tension, en d'autres termes, n'est qu'un moment d'une souplesse infinie. Un symbole dont se sert Mrs. Ramsay, assise au milieu de ses hôtes, pendant le dîner du soir, est à ce propos révélateur : « En ce moment ses yeux étaient si clairs qu'ils semblaient faire le tour de la table, enlever leur voile à chacun de ces êtres qui y étaient assis, découvrir leurs pensées et leurs sentiments sans efforts, à la façon d'une lumière qui se glisse sur l'eau et saisit dans leur frémissement, dans leur tremblement, les rides de la surface, les roseaux immergés, les goujons balancés et la truite silencieuse et soudaine. C'est ainsi qu'elle les voyait, qu'elle les entendait, mais tout ce qu'ils disaient avait aussi ce caractère de ressembler au mouvement d'une truite lorsque la ride de l'eau et le gravier du fond, quelque chose à droite, et quelque chose à gauche, sont *saisis dans une seule et même perception.* »

Ce même dualisme de réalité et d'idéalité, ce même besoin, selon l'expression de Virginia Woolf, « d'échanger la fluidité de la vie pour la concentration de la peinture » qui anime Lily Briscoe par exemple, et qui lui est, chaque fois qu'elle prend ses pinceaux, à demi-docile et à demi-résistante, un délicieux tourment, quelque chose qui « l'attire, la happe et l'emporte », ce double caractère donc se retrouve dans la syntaxe de Virginia Woolf, qui manifeste à la fois un goût marqué de la concision grammaticale et un manque total de coordination logique. Les phrases de Virginia Woolf sont volontiers courtes, brusques, incisives, au point de paraître souvent incomplètes. Elles se suivent, menues et prestes, se bousculant dans un désordre voulu, formant « un conglomérat d'objets les plus hétéroclites, les plus disparates qu'on puisse imaginer, empilés à la va-comme-je-te-pousse ». Mais parfois aussi elles s'allongent, se compliquent de nombreuses propositions subordonnées agiles et souples, enchevêtrées les unes dans les autres, qui n'entourent l'idée que progressivement, avant de l'étreindre à la fin. Les parenthèses qui sont très nombreuses — une seule page d'*Orlando* en contient dix-huit — interrompent la phrase à chaque instant, traduisant d'une manière presque tangible l'intrusion constante, aux moment les plus inattendus, des faits extérieurs dans la vie de l'esprit. Contrairement aux parenthèses de Proust, qui sont surtout des glissements le long de l'idée, poursuivie jusqu'à sa dernière radicelle, elles indiquent ici les heurts de cette idée, les brusques rappels de la mémoire ou les jaillissements de l'imagination qui en viennent rompre le cours logique. Cette syntaxe se rapproche, par certains côtés, de celle de Laurence Sterne, dont Virginia Woolf a édité elle-même, en le faisant précéder d'une préface remarquable, le *Sentimental Journey* [1]. Chez Sterne aussi l'expression semble

[1] *A Sentimental Journey though France and Italy*, by Laurence STERNE. With an Introduction by Virginia Woolf, Oxford University Press (The World's Classics), 1927.

ne se poser sur l'idée qu'après avoir virevolté capricieusement tout autour, qu'après l'avoir enlacée dans une série d'arabesques impulsives. Ce que notre romancière écrit de Sterne s'applique avec une précision singulière à elle-même : « Aucun style ne semble couler plus exactement dans les plis et replis de l'esprit individuel, pour exprimer ses états changeants, pour répondre à son caprice ou à son élan le plus fugace, et pourtant le résultat est parfaitement précis et composé. » Et cette autre remarque semble s'appliquer plus particulièrement encore à la langue de notre écrivain : « C'est comme si la marée se précipitait sur la grève en tous les sens, et laissait chaque vague légère et chaque remous taillés dans le sable comme dans du marbre. »

Ce style enfin fait au rythme et à la musique même des mots une place considérable, au point qu'on a pu comparer le dernier roman de Virginia Woolf, *The Waves*, à « un concerto dans lequel certaines phrases reparaissent, certains airs doux et tristes ; dans lequel les caractères, les souvenirs, les minutes qui se précipitent vers leur fin se mêlent comme un ensemble de violons ; tandis que, par intervalles, comme le piano quand il est seul à jouer, nous entendons le bruit des vagues qui montent vers le rivage [1] ». « La musique », affirmait déjà l'inquiète Rachel Vinrace à Terence Hewet, « s'élance droit sur les choses. Elle dit d'un coup tout ce qu'il y a à dire. Pourquoi écrivez-vous des romans ? Vous devriez écrire de la musique. Quand on écrit des livres, on passe tellement de temps à frotter sur

1 Sylvia LYND, *Mrs. Virginia Woolf's Experiment. The News Chronicle*, 14 October 1931.

la boîte d'allumettes ». Et plus loin : « Que sont des mots comparés à des sons ! ». Aussi Virginia Woolf ne manque-t-elle pas d'avoir recours à un nombre de procédés qu'elle emprunte directement à la technique musicale. Elle emploie des *leit-motifs* véritables, répartis judicieusement dans tout le cours de l'œuvre : « N'oubliez pas ma soirée ! » dans *Mrs. Dalloway* ou « Nous irons au phare s'il fait beau demain » dans *To the Lighthouse*. Elle use volontiers des répétitions de phrases, soit en des parties différentes du même volume, où ces phrases répétées jouent le rôle de refrains : « Les cercles de plomb se dissolvaient dans l'air », ou « la facture de réparations de la serre se monterait à cinquante livres » ; soit à la fin de plusieurs paragraphes consécutifs, qui sont ainsi raccordés par des termes strictement identiques ; soit à l'intérieur d'une même phrase, et presque côte à côte, la seconde expression marquant sur la première une avance sans doute, mais de peu d'importance quant au sens, et son rôle étant surtout de symétrie rythmique. Très nombreuses enfin sont les harmonies de voyelles, ou les allitérations de consonnes, ou les deux réunies, la virtuosité de notre écrivain se donnant, dans cette interprétation mélodique des nuances de sa pensée, très libre cours. Sans que ces procédés divers soient jamais assez accusés pour rompre le rythme de la prose, ils ne laissent pas de contribuer grandement à donner à la langue de Virginia Woolf cette tonalité mystérieuse, cette souplesse toujours neuve, cette qualité de création perpétuelle qui sont le propre de la poésie.

Langue, au total, très personnelle, et des plus malaisées

à définir néanmoins. On y trouve de la netteté d'abord, une lucidité qui fait penser à Jane Austen, mais à une Jane Austen plus compréhensive, et dont la simplicité n'est plus que l'aboutissement d'une pensée longuement mûrie. On y trouve, en même temps, une fluidité qui s'accorde de tous points avec la substance de l'œuvre, avec la vision qui nous y est offerte du remous perpétuel de la vie intérieure. Ici le souffle semble un peu bref, une certaine sécheresse paraît dans la phrase dont les contours demeurent raides, anguleux ; plus loin, la phrase glisse au contraire, animée d'un élan léger, presque zigzagant, pareil à celui d'une libellule dont on ne saurait nier, déclare Virginia Woolf elle-même, « qu'il y a de la méthode dans son vol, et qu'elle choisit les fleurs où elle se pose non au hasard, mais à cause de leurs harmonies exquises ». Cette langue abonde en notations exactes, mais qui se prolongent en suggestions indéfinies, presque illimitées. Nous y rencontrons de la concision, de la densité, du piquant et, tout ensemble, une rare faculté d'évocation, les contours des objets s'estompant, se déplaçant sans cesse pour reformer de nouveaux dessins, aboutissant à un manque, non de précision, mais de stabilité. Ajoutez un humour discret, presque pudique même, une ironie non pas amère ni dédaigneuse, mais celle qui, chez les écrivains de marque, est « le signe d'un jugement porté de haut », une ironie délicatement féminine surtout, qui s'achève en tendresse, et qui aboutit à ce charme indéfinissable dont notre auteur signalait elle-même, dans le cas de George Eliot par exemple, que le manque est si funeste.

Style artiste donc, s'il en fut, prose avant tout poétique, qui évoque une luminosité subtile, quelque chose de sourd et de vif à la fois, des rosées matinales traversées de rayons d'or, une sorte de clarté sans foyer, sans éclat, sans ombres ni lignes dures, qui se communique à toutes choses, qui rend toutes choses presque diaphanes. Style qui, à la manière d'une atmosphère, enveloppe le rythme de la vie émotive, s'adapte à lui avec une sorte de glissante et chatoyante douceur. Le roman de Virginia Woolf demeure, sans doute, une analyse scrupuleuse, méthodique, aussi solidement étayée que possible, de la vie de la conscience. Comme un projecteur dont le cône de lumière est toujours mobile, il illumine et scrute l'activité sans cesse frémissante d'une âme. Il apporte, dans la recherche de la précision, une attention sans répit, puisque, selon la romancière elle-même, « on ne saurait dépenser trop de temps, ni un zèle trop pieux pour rendre plus fidèles les mots qui traduisent notre message. Nous devons modeler nos phrases jusqu'à ce qu'elles deviennent l'enveloppe sans épaisseur de nos pensées ». Cette technique, si savamment ordonnée qu'elle soit, n'en aboutit pas moins à une œuvre d'art véritable. Puisque « c'est la puissance de la beauté qui capture toutes les perceptions dans ses mailles d'or quand elles ne sont encore qu'à moitié chemin de la vérité », Virginia Woolf a compris qu'elle ne pourrait traduire dans son œuvre, en psychologue minutieuse seulement, la réalité vivante. Elle a estimé indispensable, pour atteindre à cette réalité même, d'y introduire aussi, à chaque page, le rythme spontané de son âme profonde.

CONCLUSION

On voit à présent l'originalité du roman psychologique de Virginia Woolf, et la place toute personnelle qu'a conquise notre écrivain dans la littérature anglaise d'aujourd'hui. C'est bien, selon une expression qui lui est chère, *a room of her own*, « une pièce à elle » qu'elle y occupe. Elle se tient à l'écart du flot des romancières sentimentales, « aussi pleines d'ardeur que d'ignorance », dont les œuvres encombrent, chaque année davantage, les vitrines des libraires, dont la facilité narrative, souvent aussi le grand cœur sérieux, ne visent qu'à distraire le lecteur, qu'à lui faire oublier pour un temps la grisaille de son existence quotidienne. Et elle demeure tout aussi loin du groupe également nombreux des femmes écrivains qui s'enorgueillissent si volontiers de leur franchise, qui se penchent avec tant de complaisance sur les problèmes de la psychanalyse, sinon sur les manifestations de la sexualité, qui font de leur œuvre, d'une dureté brillante, une satire féroce de leur époque. Sérieusement, presque fervemment féministe sans doute, Virginia Woolf ne pousse jamais ses revendications jusqu'à l'excès. Elle demande au contraire à sa sensibilité féminine, qui parcourt son œuvre à la manière d'un frémissement printanier, de bannir la pure géométrie intellectuelle. L'objet central de cette œuvre semble être d'adapter l'intelligence, avec ses mille problèmes nouveaux, et si complexes, à la sensibilité d'aujourd'hui, devenue de son côté si aiguë. Tandis qu'un Dickens, par exemple, si nous en croyons Aldous Huxley, « cesse immédiatement d'être intelligent dès qu'il s'abandonne à son émotion », Virginia Woolf estime, tout au contraire, que connaître n'est qu'un moyen de sentir avec plus d'intensité, la sensibilité, sous la conduite de l'intelligence, étant rendue plus prompte à saisir l'instant mystérieux qui passe, l'intelligence, à son tour, faisant porter son effort sur la définition rigoureuse des impressions immédiates, observées dans leurs réactions les plus ténues. L'activité intellectuelle tenace de Virginia Woolf s'attache ainsi à condenser sa richesse inépuisable de sensations et d'images, à les faire passer de « l'unique » et du « transitoire » dans le « général ». L'effort de l'intelligence pour comprendre les données de sa sensibilité se rapproche ici une fois de plus de celui que Proust définit lui-même quelque part : « Il me fallait tâcher d'interpréter les sensations comme les signes d'autant de lois et d'idées, en essayant de faire sortir de la pénombre ce que j'avais senti, de le convertir en un équivalent spirituel [1]. »

Si nettement caractérisé que soit le roman psychologique de Virginia Woolf, il ne laisse pas de se rapprocher, à certains égards, de plusieurs œuvres marquantes du roman anglais contemporain. C'est ainsi qu'on l'a comparé

[1] *Le Temps Retrouvé*, II, p. 24.

souvent au roman de Dorothy Richardson, qui présente avec lui en effet quelques points de ressemblance manifeste. Dans les dix volumes auxquels elle a donné le nom général de *Pilgrimage* (*Pèlerinage*) [1], Dorothy Richardson décrit l'expérience psychologique d'un seul personnage central, Miriam Henderson, ses réactions, à la fois conscientes et inconscientes, devant « le courant de la vie », cette réalité étant d'ailleurs dépourvue de tout côté aventureux ou même romanesque. Elle dépeint l'activité mentale d'un caractère sans personnalité bien marquée, ses élans instinctifs, son sentimentalisme sans imagination, ses appétits sexuels qui ravagent sa morne existence de sous-maîtresse d'abord dans un pensionnat allemand ou une petite école du nord de Londres, puis de gouvernante dans une riche famille provinciale ou d'employée subalterne dans une clinique dentaire. Mais, si attentive que soit cette étude psychologique, elle demeure l'autobiographie immense d'une unique personne, le tableau de la « profanité » de Miriam Henderson, c'est-à-dire de son goût, anormal et antisocial, pour la pure sensation. En regard des personnages subtils que nous présente le roman de Virginia Woolf, où les femmes, de Rachel Vinrace et de Katharine Hilbery à Clarissa Dalloway et à Mrs. Ramsay, occupent sans doute le premier plan, mais où certains portraits d'hommes sont si heureusement esquissés, de Jacob à Peter Walsh et à Mr. Ramsay, par exemple, sans parler de l'élusif Orlando,

[1] A savoir : *Pointed Roofs*, 1915 ; *Backwater*, 1916 ; *Honeycomb*, 1917 ; *The Tunnel*, 1919 ; *Interim*, 1919 ; *Deadlock*, 1921 ; *Revolving Lights*, 1923 ; *The Trap*, 1925 ; *Oberland*, 1927 ; et *Dawn's Left Hand*, 1931.

successivement homme et femme, le roman de Dorothy Richardson ne nous apporte qu'un vaste monologue où se manifeste une tendance synthétique à définir, au moyen d'un cas type, « l'expérience humaine universelle », sinon « l'abîme même du subconscient féminin ». De là aussi le ton monotone de ces livres tranquilles et pénétrants, où tout est ramené à l'introspection presque austère. De là leur style massif, d'une intensité souvent maladroite, d'un pédantisme parfois naïf, ce style tendu, si froid et clair dans sa gravité même, contrastant étrangement avec la souplesse nuancée de la langue de Virginia Woolf, avec sa prodigalité d'images, qui virevoltent à travers chaque page comme les gouttes d'un jet d'eau sous le soleil. Les deux romancières ont beau faire de l'interprétation de l'expérience psychologique la substance de leur roman, et transformer même parfois celui-ci en un traité de psychologie appliquée : ce roman, d'ordre exclusivement intellectuel chez Dorothy Richardson, s'élargit, chez Virginia Woolf, en un paysage d'âmes, chatoyant et vibrant, qui est du domaine propre de l'art.

La romancière anglaise dont Virginia Woolf se rapproche le plus cependant est Katherine Mansfield, qui fut sa grande amie personnelle, qui l'admira profondément, qui écrivait, en août 1917, après une visite qu'elle lui avait rendue à la campagne : « C'était bien bon d'avoir le temps de causer avec vous. Nous faisons la même besogne, Virginia, et c'est une chose curieuse et adorable que, chacune de notre côté, nous poursuivions à peu près le même but. Car c'est ce que nous faisons, vous savez, sans aucun doute » ; et une autre fois, en août 1919 : « C'est aujourd'hui le premier jour où je peux me lever et écrire des lettres... Ne vous imaginez pas que je vous oublie. Vous ne me croiriez pas si je vous disais combien souvent vous êtes dans mon *cœur* et dans mon *esprit*. J'adore penser à vous. » Virginia Woolf, de son côté, qui publia dès 1916, à la *Hogarth Press* encore à ses débuts, la première œuvre de Katherine Mansfield, *Prelude*, écrivait à son sujet : « Sa sensibilité était vive, étendue et libre. Elle répondait aux sensations les plus tendres. Elle se nourrissait, comme une plante nouvellement éclose, de tout ce qui touchait sa vue ou son oreille. Elle frémissait aussi de façon subtile et curieuse aux choses inconnues ou négligées. Elle jetait sur des points infimes une clarté qui donnait souvent à penser qu'après tout ils n'étaient peut-être pas si infimes. Elle ramenait à la lumière des trésors dont on se demandait en les voyant quel besoin on avait eu de les enfouir [1] ». La sensibilité des deux femmes est, en effet, aussi bien critique qu'imaginative. L'auteur de *Bliss* (*Félicité*, 1920) et de *The Garden Party* (1922) a éprouvé la même curiosité de l'univers, où il fait si bon observer, rêver et penser, le même besoin que Virginia Woolf de connaissance immédiate et de définir cette connaissance impitoyablement, le même « goût désespéré de la perfection artistique », subtile et sobre à la fois, puisqu' « une perception délicate ne suffit point, et qu'il faut trouver la manière exacte d'exprimer cette perfection ». Katherine Mansfield, cependant, moins attirée que

1 Cité par M. T. GUÉRITTE, *Lettres inédites de Katherine Manfield*, dans *La Nouvelle Revue des Jeunes*, 15 octobre 1931, p. 391.

Virginia Woolf par les problèmes de la vie intellectuelle, apporte dans son art moins de sophistication, plus de sympathie directe pour les êtres et les choses, un réalisme plus prime-sautier, plus de lucidité, plus de candeur vigoureuse dans la prise de la vie simple, de ses mille détails substantiels, plus d'exubérance même dans sa joie de vivre. Malade, d'autre part, puisqu'elle devait mourir à moins de trente-quatre ans, Katherine Mansfield imprime à son œuvre, écrite dans l'immobilité et la retraite, un caractère vraiment poignant, puisque le courage, la gaîté, la fraîcheur cristalline, la radieuse patience que révèle cette œuvre avaient dû traverser la plus sombre douleur.

Il est encore un écrivain, mais français celui-ci, auquel nous fait songer quelquefois Virginia Woolf : c'est Jean Giraudoux. « Cela me rappelait un peu Giraudoux, mais sans les jeux précis de Giraudoux ; c'était du Giraudoux scintillant dans le brouillard », écrivait André Maurois le jour où il venait de découvrir *Jacob's Room* [1]. Chez l'un et l'autre apparaissent la même abondance d'images savoureuses, la même tendresse dans l'ironie, le même « climat » fait de tant de grâce dans tant d'allégresse, l'œuvre des deux auteurs étant une sorte de conte de fées d'un raffinement tout moderne. Mais c'est chez la romancière anglaise que nous trouvons, assez curieusement, le plus de mesure. Virginia Woolf ne pousse jamais, comme Jean Giraudoux, la description jusqu'à l'allégorie. Elle ne poursuit pas sa chasse aux images jusqu'à la pure voltige verbale,

[1] Préface à la traduction française de *Mrs. Dalloway*, par S. David, 1929, p. V.

jusqu'au goût de la simple étincelle multicolore. Elle ne tombe pas dans le dandysme si continûment papillotant de *Suzanne et le Pacifique,* dans la fantaisie un peu précieuse de *Juliette aux pays des hommes,* dans cette sorte d'émoi, presque d'impressionnisme mélancolique où paraît surtout, des *Provinciales* et de *Simon le Pathétique* à *Siegfried et le Limousin* et aux *Aventures de Jérôme Bardini,* la virtuosité sans limite, et sans repos, de notre écrivain qui « écrit toujours à la première personne », ainsi qu'il nous le confie lui-même, « parce qu'il ne veut pas faire l'artifice de créer un autre personnage ». « D'ailleurs, ajoute-t-il, « je ne considère tout ce que j'ai fait que comme *une espèce de divagation poétique* [1] ». Si l'œuvre de Jean Giraudoux, comme celle de Virginia Woolf, semble donc un jardin enchanté en lisière de la vie banale, la romancière anglaise cependant, au contraire de notre écrivain français, ne se contente pas de « demeurer à la surface de sa vision », de vagabonder avec l'aisance d' « un papillon capricieux qui prêterait à chaque chose la couleur fugitive et charmante de ses ailes ». Elle s'enfonce toujours profondément au cœur vivant de son sujet. Elle soumet le frémissement de sa vision à une étude patiente, qui a la gravité de la méditation intérieure.

L'originalité du roman psychologique de Virginia Woolf se manifeste encore dans une autre direction. En faisant des « réalités invisibles » la substance de son roman, l'auteur atteint à la poésie même, qui n'est que l'expression de

1 Cité par Pierre HUMBOURG, *Jean Giraudoux, Les Cahiers du Sud,* Marseille, 1926, p. 49.

la vie intérieure de l'âme, ramenée à ses moments d'intensité, et contemplée dans la tranquillité du souvenir. Non seulement Virginia Woolf a fait craquer les cadres conventionnels de la fiction romanesque, et transformé chacun de ses romans en une étude originale, au cours de laquelle elle s'efforce de transposer la réalité dans le monde de la beauté. Elle a tenté surtout d'extraire de « la plénitude d'éléments réels et inattendus » qui constituent la trame de l'expérience humaine toute la poésie qui y est enclose. Chacune de ses œuvres est ainsi un poème, c'est-à-dire une œuvre où « les sentiments se développent en images », au moins autant qu'un roman, et il semble qu'elle ait voulu recommencer, à sa manière, la tentative d'Elizabeth Barrett Browning qui, dès 1856, avait fait de son poème d'*Aurora Leigh* un tableau de la vie contemporaine, qui, « avec toute la confusion, la turbulence et le chaotique excès de son imagination », avait entrepris « une sorte de roman-poème qui se jetât en courant au beau milieu des conventions, qui fît irruption dans les salons, là où les anges eux-mêmes craignent de poser le pied ». Cette poésie de la société moderne cependant, le roman seul est désormais capable, et non plus un long et noble ouvrage en vers blancs, de l'exprimer. A lui seul il est donné aujourd'hui de retenir quelque chose de cette « force insaisissable qui vient heurter brutalement et mettre en pièces les filets des poètes eux-mêmes, cette force insaisissable qu'aucun écrivain n'a pu attraper encore, et dont nous vivons ».

Bien qu'il soit trop tôt, à coup sûr, pour porter sur le roman psychologique de Virginia Woolf un jugement complet, cette œuvre étant loin encore d'être achevée, et chaque ouvrage qui paraît manifestant en outre une faculté si étonnante de renouvellement, les grands aspects en sont désormais fixés néanmoins, et peuvent se définir avec précision. L'œuvre de Virginia Woolf ne possède ni la grandeur ni la solidité architecturale de certaines œuvres d'hommes, ni non plus cet équilibre des facultés créatrices qui en assure la durée. Nous n'y trouvons aucun de ces portraits masculins ni même féminins qui, dans les œuvres des maîtres du genre, vivent plus que dans la réalité véritable, et évoluent dans un milieu si exactement, si vigoureusement évoqué que nous les connaissons en chair et en os, si l'on peut dire. Virginia Woolf, nous l'avons vu, conseille aux romanciers « de s'attacher, à tout prix, aux jupes de Mrs. Brown ». Mais, comme le constate son amie V. Sackville-West elle-même, notre romancière ne fait, en ce qui la concerne, rien de semblable. « Elle se mettra à la poursuite d'un papillon, elle regardera, par la fenêtre ouverte, un sansonnet sur la pelouse, mais Mrs. Brown elle-même (en dépit de ses petits souliers si propres et de ses gants raccommodés) demeurera un coquillage tout résonnant de pensées et d'images que sa créatrice seule est capable de concevoir. Mrs. Woolf feint de s'intéresser à Mrs. Brown, mais elle ne s'y intéresse pas réellement : elle n'est intéressée qu'aux idées que Mrs. Brown suscite en elle [1] ». Virginia Woolf, en d'autres termes, est « une

[1] V. SACKVILLE-WEST, *The Future of the Novel*, *The Week-End Review*, October 18, 1930, p. 535.

romancière pour romanciers », et son œuvre ne peut être appréciée justement que par ceux qui prennent un plaisir presque pareil au sien à l'observation et à la peinture de la vie psychologique, qui sont capables ainsi de juger à sa valeur sa flexibilité d'esprit et de méthode, qui peuvent mesurer jusqu'à quel point elle a atteint son objet, lequel consiste, selon son expression même, « à déplisser minutieusement la soie des âmes ».

Ce qu'il convient d'affirmer cependant, sans réserve aucune, c'est que Virginia Woolf occupe, dans la littérature anglaise contemporaine, une place de premier plan. La nouveauté de son œuvre a pu désorienter la grande majorité des lecteurs, puisque « toute nouveauté », comme l'avait noté Proust, « ayant pour condition l'élimination préalable du poncif auquel nous étions habitués, et qui nous semblait la réalité même, toute conversation neuve, aussi bien que toute peinture, toute musique originales, paraîtra toujours alambiquée et fatigante [1] ». Mais quand cette nouveauté aura cessé de paraître singulière, son individualité se dessinera en plein relief. Si imprégnée qu'elle soit en effet du sentiment de la tradition et de la continuité littéraires, Virginia Woolf a orienté son œuvre, avant tout, du côté de l'avenir. « Nous sommes à la veille », écrit-elle dans son étude sur *Mr. Bennett and Mrs. Brown,* « d'une des grandes périodes littéraires de l'Angleterre ».

Dans l'essai qu'elle a mis à la fin de son recueil critique :

[1] *A l'ombre des jeunes filles en fleurs*, I, p. 115.

The Common Reader, et qu'elle intitule : *How it strikes a contemporary,* elle écrit encore : « Suivons l'exemple de cette altière aristocrate, Lady Hester Stanhope, qui gardait dans ses écuries un pur sang à la robe blanche, tout prêt pour l'arrivée du Messie, et qui constamment scrutait l'horizon, impatiente, mais pleine d'assurance. » Les romans d'aujourd'hui, conclut Virginia Woolf : « ne sont pas des livres, mais de simples carnets de notes. » D'autres les utiliseront, « pour écrire les chefs-d'œuvre à venir ».

ESQUISSE D'UNE BIBLIOGRAPHIE DE VIRGINIA WOOLF

I. Ouvrages publiés

The Voyage Out, London, 1915.

Two Stories, London, 1917 (en collaboration avec Leonard Woolf).

Night and Day, London, 1919.

The Mark on the Wall, London, 1919.

Kew Gardens, London, 1919.

Monday or Tuesday, With Woodcuts by Vanessa Bell, London, 1921.

Jacob's Room, London, 1922.

Mr. Bennett and Mrs. Brown, London, 1924.

Mrs. Dalloway, London, 1925.

The Common Reader. Essays, chiefly on English Literature, London, 1925.

Kew Gardens, Designed and decorated by Vanessa Bell, Edition limited to 500 numbered copies, London, 1927.

To the Lighthouse, London, 1927.

Orlando, A Biography, London, 1928.

A Room of One's Own, London, 1929.
On Being Ill, Limited and signed edition, London, 1930.
Beau Brummell, New York, 1930.
The Waves, London, 1931.

Les œuvres de Virginia Woolf ont été republiées par *The Hogarth Press* dans une « édition uniforme », à 5 shillings, qui comprend actuellement : *The Voyage Out, Night and Day, Jacob's Room, Mrs. Dalloway, The Common Reader* et *To the Lighthouse* (1929-31).

II. Introductions

Victorian Photographs of Famous Men and Fair Women, by J. M. Cameron. With *introductions* by Roger Fry and Virginia Woolf. Edition limited to 450 numbered copies, London, 1926.

A Sentimental Journey through France and Italy, by Laurence Sterne. With an *introduction* by Virginia Woolf. Oxford University Press (The World's Classics), 1928.

Life as we have known it, by Cooperative Women. Edited by M. L. Davies. With an *introduction* by Virginia Woolf. London, 1931.

III. Etudes et Articles publiés dans diverses Revues

Mr. Conrad: A Conversation. Nation and Athenæum, 1st September 1923.

Mr. Bennett and Mrs. Brown. Ibid., 1st December 1923.

Character in Fiction. Criterion, July 1924.

American Fiction. Saturday Review of Literature, New York, 1st August 1925.

On Being Ill. New Criterion, January 1926.

Robinson Crusoe. Nation and Athenæum, 6th February 1926.

The Novels of E. M. Forster. Atlantic Monthly, Boston, November 1927.

The Niece of an Earl. Life and Letters, October 1928.

Half of Thomas Hardy. New Republic, New York, 5th December 1928.

Ruskin's Praeterita. Ibid., 28th December 1928.

Geraldine and Jane. The Bookman, New York, February 1929.

Women and Fiction. Forum, New York, March 1929.

Phases of Fiction. The Bookman, New York, April, May and June, 1929.

Cowper and Lady Austen. Nation and Athenæum, 25th September 1929.

Dr. Burney's Evening Party. Life and Letters, September 1929.

Dorothy Wordsworth. Nation and Athenæum, 21st October 1929.

Moments of Being: Slater's have no points. Echanges, Décembre 1929.

The Essays of Augustine Birrell. Life and Letters, July 1930.

Aurora Leigh. Yale Review, Summer Number, 1931. Aussi dans le *Times Literary Supplement*, 2nd July 1931.

IV. Traductions

Dostoïevsky, *Stavrogin's Confession.* Translated by Virginia Woolf. London, 1922.

A. B. Goldenveizer, *Talks with Tolstoi.* Translated by S. S. Koteliansky and Virginia Woolf. London, 1923.

Tolstoi's Love Letters. Translated by S. S. Koteliansky and Virginia Woolf. London, 1923.

V. Traductions françaises de l'œuvre de Virginia Woolf

La Chambre de Jacob. Extraits. Traduction de Claude Davraine et Marie Kieffer. *La Revue Nouvelle,* mars 1927.

Les Jardins de Kew. Traduction de Georgette Camille. *Les Nouvelles Littéraires,* 13 août 1927.

Le Quatuor à Cordes. Traduction de Georgette Camille. *La Revue Nouvelle,* octobre 1928.

Mrs. Dalloway. Traduction de S. David. Préface d'André Maurois. Paris, 1929.

La Promenade au Phare. Traduction de M. Lanoire, Paris, 1929.

Les épingles de chez Slater ne piquent pas. Traduction de Georgette Camille. *Echanges,* décembre 1929.

Les Essais d'Augustin Birrell. Traduction de Jeanne Fournier-Pargoire, *Figaro,* 28 août 1930.

Orlando. Traduction et préface de Charles Mauron, Paris, 1931.

Edmond Gosse. Traduction de Jeanne Fournier-Pargoire, *Figaro,* 5 août 1931.

Un roman-poème : Aurora Leigh. Traduction de Jeanne Fournier-Pargoire, *Figaro,* 5, 6 et 7 janvier 1932.

VI. — PRINCIPALES ETUDES RELATIVES À VIRGINIA WOOLF AYANT PARU EN VOLUME

A) *En Angleterre :*

R. B. JOHNSON, *Some Women Novelists.* London, 2 vol., 1922.

Joseph COLLINS, *The Doctor looks at Literature.* Psychological Studies of Life and Letters, London, 1923.

Gerard GOULD, *The English Novel of To-day,* London, 1924.

Gerald BULLETT, *Modern English Fiction.* A personal view, London, 1926.

Elizabeth DREW, *The Modern Novel.* Some Aspects of Contemporary Fiction, London, 1926.

Edwin MUIR, *Transition.* Essays on Contemporary Literature, London, 1926.

Joseph CARRUTHERS, *Scheherazade,* or the Future of the English Novel, London, 1927.

E. M. FORSTER, *Aspects of the Novel,* London, 1927.

Edwin MUIR, *The Structure of the Novel,* London, 1928.

B) *En France :*

Abel CHEVALLEY, *Le roman anglais de notre temps,* 1921.

Louis CAZAMIAN, *Histoire de la Littérature anglaise* (en collaboration avec Emile LEGOUIS), 1924.

René LALOU, *Littérature anglaise* (Panorama des Littératures contemporaines), 1926. Nouvelle édition, 1929.

André MAUROIS, *Quatre études anglaises* (La jeune littérature anglaise), 1927.

Louis GILLET, *Esquisses anglaises*, 1930.

Edmond JALOUX, *Au pays du roman*, 1931.

Aussi :

Paul BIZÉ, *Virginia Woolf as a Literary Artist*, Mémoire présenté à la Faculté des Lettres de Lille, pour le Diplôme d'Etudes supérieures d'anglais, juillet 1930.

Jean REY, *The Evolution of Mrs. Woolf's Technique and Style*, Mémoire présenté à la Faculté des Lettres de Lille, pour le Diplôme d'Etudes supérieures d'anglais, novembre 1930.

VII. — PRINCIPAUX ARTICLES PUBLIÉS DANS LES REVUES ET JOURNAUX

A) *En Angleterre et aux Etats-Unis :*

Gerald BULLETT, *Mrs. Dalloway*, *Saturday Review*, 30th May 1925.

H. P. COLLINS, *The Common Reader*, *Criterion*, July 1925.

Edwin MUIR, *Virginia Woolf*, *Nation and Athenœum*, 17th April 1926.

E. M. FORSTER, *The Novels of Virginia Woolf*, *New Criterion*, April 1926. Aussi dans *Yale Review*, 1926.

Dudley CAREW, *Virginia Woolf, London Mercury,* May 1926.

Orlo WILLIAMS, *To the Lighthouse, New Criterion,* July 1927.

R. Ellis ROBERTS, *Virginia Woolf, Bookman,* January 1928.

Desmond McCARTHY, *Phantasmagoria, Sunday Times,* 14th October 1928.

Mrs. Raymond MORTIMER, *Mrs. Woolf and Mr. Strachey, American Bookman,* February 1929.

Conrad AIKEN, *Orlando, Dial,* February 1929.

Frank SWINNERTON, *Marionette Shows!, Evening News,* 9th October 1931.

Gerald BULLETT, *Virginia Woolf soliloquises, New Statesman,* 10th October 1931.

Sylvia LYND, *Mrs. Woolf's experiment, News Chronicle,* 14th October 1931.

D. M. HOARE, *Virginia Woolf, The Cambridge Review,* 16th October 1931.

L. P. HARTLEY, *New Novels, The Week-End Review,* 24th October 1931.

Mary Electra KELSEY, *Virginia Woolf and the She-Condition, Sewanee Review,* October-December 1931.

B) *En France :*

M. LOGÉ, *Quelques romancières contemporaines, Revue politique et littéraire,* novembre 1925.

T. S. ELIOT, *Les lettres anglaises : Le roman contemporain, Nouvelle Revue Française,* 1er mai 1927.

Jacques-Emile BLANCHE, *Entretien avec Virginia Woolf, Les Nouvelles Littéraires*, 13 août 1927.

J. J. MAYOUX, *Sur un livre de Virginia Woolf, Revue anglo-américaine*, juin 1928.

André MAUROIS, *Première rencontre avec Virginia Woolf, Les Nouvelles Littéraires*, 19 janvier 1929.

Jacques-Emile BLANCHE, *Un nouveau roman de Virginia Woolf (Orlando), Les Nouvelles Littéraires*, 16 février 1929.

R. DE SAINT-JEAN, *Mrs. Dalloway, Revue Hebdomadaire*, 16 mars 1929.

Marcel BRION, *Orlando, Cahiers de l'Etoile*, 1929.

J. J. MAYOUX, *Le roman de l'espace et du temps : Virginia Woolf, Revue anglo-américaine*, avril 1930.

Paul DOTTIN, *Les sortilèges de Mrs. Virginia Woolf, Revue de France*, 1er avril 1930. Aussi dans *Revue de l'Enseignement des Langues Vivantes*, juin 1930.

Yvonne DE ROMAIN, *L'Evolution du Roman Anglais, Revue politique et littéraire*, 3 janvier 1931.

Gabriel MARCEL, *Les Vagues, par Virginia Woolf, Nouvelle Revue Française*, février 1932.

TABLE

ACHEVE D'IMPRIMER
LE SIX JUILLET 1967
PAR JOSEPH FLOCH
MAITRE - IMPRIMEUR
A MAYENNE
n° 2871